MARTIN R. MAYER
KREATIV

Martin R. Mayer

KREATIV
Mit Kreativität lebendiger und erfolgreicher werden.

Mit über 110 Übungen

XOXO Veralg

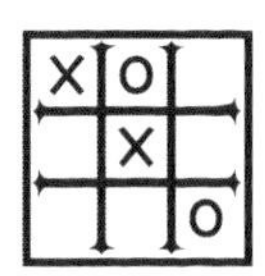

Bibliografische Information durch die Deutsche Nationalbibliothek: Die Deutsche Nationalbibliothek verzeichnet diese Publikation in der Deutschen Nationalbibliografie; detaillierte bibliografische Daten sind im Internet über *http://www.d-nb.de* abrufbar.

Print-ISBN: 978-3-96752-186-3
E-Book-ISBN: 978-3-96752-684-4

Umschlaggestaltung: Grit Richter, XOXO Verlag
unter Verwendung eines Bildes vom Autor.

Buchsatz: Grit Richter, XOXO Verlag

Hergestellt in Bremen, Germany (EU)

XOXO Verlag
ein IMPRINT der EISERMANN MEDIA GMBH
Gröpelinger Heerstr. 149
28237 Bremen

TEIL A
EINLEITUNG

1. EINLEITUNG

Kreativität macht unser Leben und unsere Arbeit erfolgreicher und lebendiger. Ich betrachte hier Kreativität in allen Bereichen, zum Beispiel in der Kunst und bei Erfindungen. Dieses Buch ist ein Buch für die Praxis, es ist für alle gedacht, die kreativer werden wollen.

Ein Beispiel für die kreative Lösung einer schwierigen Situation: Eine weiße Polizistin wurde in New York zu einem Fall von häuslicher Gewalt gerufen. Als sie an den angegebenen Ort ankam, flog aus einem Fenster im 5. Stock ein Fernsehapparat und zerschellte krachend auf dem Hof. Die Polizistin stieg die Treppe hoch in den fünften Stock und klopfte an die Tür. Von innen hörte sie die aggressive Stimme eines Schwarzen, der fragte: »Wer ist da?« Sie antwortete: »Der Fernsehreparatur-Service!« Worauf der Schwarze schallend lachte und ihr die Tür öffnete.

Der rote Faden des Buches

Ich behandle in diesem Buch folgende Themen: In diesem einleitenden Teil A behandle ich zunächst, was Kreativität überhaupt ist und welche Vorteile es bringt, kreativ zu sein. Dann behandle ich zwei Grundlagen von Kreativität, unser Denken und unseren Körper. In Teil B untersuche ich, wie man seine Kreativität steigern kann. In Teil C behandle ich die verschiedenen Bereiche von Kreativität wie Kunst und Erfindungen. In Teil D kommen Spiele und Übungen, welche die Kreativität fördern können. Im abschließenden Teil E bringe ich Informationen zu meiner Person und nenne die benutzte Literatur.

Gebrauchsanweisung für dieses Buch

Auch wenn Sie Bücher am liebsten querbeet lesen, bei diesem Buch ist es besser, es von Anfang an zu lesen, weil die einzelnen Schritte aufeinander aufbauen. Vielen fällt der Einstieg in ein neues Gebiet leichter, wenn sie sich zuerst einen Überblick über das Thema verschaffen. Dazu können Sie die Gliederung überfliegen, ein paar Minuten in dem Buch blättern und sich die *Mindmap* (Übersicht) zum Thema Kreativität in Kapitel 24 anschauen, in der die wichtigsten Themen des Buches aufgeführt sind.

Auch wenn Sie *ein* Bereich der Kreativität, zum Beispiel Musik, nicht betrifft oder nicht interessiert, ist es günstig, dieses Kapitel zu lesen, weil man viele Ideen, die ich bei *einem* Gebiet der Kreativität erkläre, auf andere Gebiete der Kreativität übertragen kann.

Wahrheit

Ich sage hier nicht die Wahrheit. Ich meine damit nicht, dass ich lüge. Ich weiß nicht, ob es eine allgemein gültige Wahrheit gibt. Jeder Mensch hat seine eigene Wahrheit und seine eigenen Vorlieben und Stärken. In diesem Buch geht es nicht um Wahrheit, sondern um Ideen und Wahlmöglichkeiten. Ich beschreibe viele Möglichkeiten, kreativ zu werden. Sie können die Ideen ausprobieren. Wenn etwas klappt, wunderbar; wenn nicht, machen Sie etwas anderes, das besser funktioniert.

Ich gebe keine Ratschläge. Ratschläge sind auch Schläge. Wenn man jemandem einen Ratschlag gibt, gibt man ihm zu verstehen, er sei zu dumm, um selbst über sein Leben zu entscheiden. Ratschläge nehmen Menschen die Verantwortung für ihr Leben und machen sie schwach und abhängig. Ich gebe keine Ratschläge, sondern biete Wahlmöglichkeiten an.

Viele Menschen wollen bei neuen Ideen zeigen, warum sie nicht funktionieren können. Es erfordert keine besondere geistige Leistung, bei allem eine negative Seite zu sehen. Wenn jemand sagt: »Heute ist schönes Wetter«, kann man antworten: »*Ja*, hier schon, *aber* in Sibirien ist schlechtes Wetter«. Es ist natürlich sinnvoll, bei den Tipps zu fragen, ob sie schaden können. Sie können in diesem Buch vielleicht Fehler finden. Sie haben mehr davon, wenn Sie in diesem Buch Anregungen suchen.

Ein Hinweis

Um die Lektüre zu erleichtern, führe ich nicht die weibliche und männliche Form an (der Leser und die Leserin). Es sind meistens beide gemeint.

2. WAS IST KREATIVITÄT?

Was ist Kreativität überhaupt? Ich verstehe darunter *etwas Neues machen*. Im Grunde sind wir ständig kreativ, wenn wir sprechen, tanzen, spielen, arbeiten oder träumen. Auch wenn einige Tiere und sogar Computer kreativ sein können, unterscheiden wir uns vor allem durch unsere Kreativität von Tieren.

Schon unsere Wahrnehmung ist kreativ

Viele glauben, nicht kreativ zu sein. Dabei ist schon unsere Wahrnehmung kreativ. Ich gebe ein Beispiel: Sehen Sie den Quader von oben oder von unten?

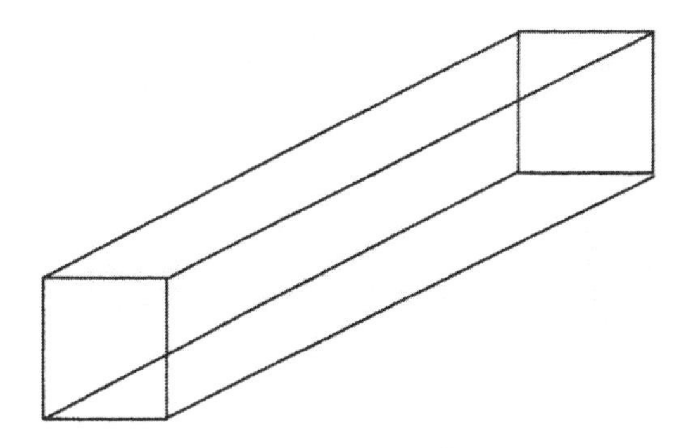

Freud'sche Versprecher

Kreativ sind wir auch, wenn wir uns versprechen, besonders bei den so genannten Freud'schen Versprechern. Einen der schönsten Freud'schen Versprecher hörte ich von einer älteren Dame. Sie erzählte stolz: »Ich tue sehr viel für meine Gesundheit. Jeden Morgen gönne ich mir ein Müsli mit Sonnenblumen*kerlen*!«

Freud'sche Verhörer

Auch wenn Freud sie nicht erwähnte, gibt es auch Freud'sche Verhörer. So verstand jemand den Hit der Gruppe *Hot Chocolate* »You Sexy Thing« als »You Saxophone«. Ich finde das poetisch.

Das Computerprogramm, das meine Stimme in Schrift umwandelt, ist auch kreativ, gestern verwandelte es *Janis Joplin* in *schöner Shoppen*.

»Fantasie ist wichtiger als Wissen.« Albert Einstein

»Meine Lieblingsfarbe ist bunt.« Walter Gropius

3. VORTEILE UND NUTZEN VON KREATIVITÄT

Welche Vorteile bringt es, kreativ zu sein? Wenn wir diese Vorteile kennen, motiviert uns das, noch kreativer zu werden.

Kreativ zu sein macht vor allem Spaß. Das kann man bei Kindern beobachten. Während ich dies am Strand von Kreta schreibe, kommen zwei 5-jährige Zwillingsschwestern vorbei. Sie gehen Hand in Hand im Gleichschritt, wobei die eine vorwärts geht, die andere rückwärts, und grinsen mich dabei strahlend an.

Kreativität ist interessant und spannend. Anstatt schlechte Fernsehfilme zu konsumieren, kann man kreativ tätig werden. Wenn wir kreativ sind, schüttet der Körper Stoffe aus, die uns mit einem Wohlgefühl belohnen. Durch Kreativität können wir uns selbst ausdrücken, uns weiterentwickeln und unser Selbstwertgefühl steigern. Kreativität gibt uns Selbstbestätigung. Durch Kreativität können wir beruflich erfolgreicher werden und auch im privaten Leben Zeit, Mühe und Geld sparen.

Kreativ tätig zu sein hat nicht nur in der Kunsttherapie eine heilende Wirkung. *Niki de Saint Phalle* therapierte sich selbst, indem sie die Verletzungen ihrer Kindheit in ihrer Kunst ausdrückte. Der Auschwitz-Überlebende *Max Mannheimer* wollte nicht seine düsteren Erinnerungen darstellen, sondern mit Farben und Formen dem Grauen etwas entgegensetzen. Der Musiker *Pharrell Williams* sagte: »Kunst war schon immer die wichtigste Form der Kommunikation«.

Francoise Gilot zitiert *Picassos* Gedanken zur primitiven Kunst: »Die Menschen schufen diese Masken zu geheiligten, zu magischen Zwecken, als eine Art Vermittler zwischen ihnen selbst und den unbekannten bösen Mächten, die sie umgaben, um ihre Furcht und ihren Schrecken zu überwinden, indem sie ihnen Form und Gestalt verliehen.«

Sicher haben viele Rockmusiker mit der Musik angefangen, um die schärfsten Frauen abzubekommen. Auf Dauer wird diese Motivation kaum halten.

Kunst kann auch höheren Zielen dienen. Wobei es ein feiner, bedeutender Unterschied ist, ob jemand eine Ideologie und einen Diktator verherrlicht oder ob die Sängerin *Bettina Wegner* nicht anders kann und ihren Schmerz und ihre Wut über das Leben in der DDR in Liedern wie *Kinder* ausdrückt. *Bettina Wegner* hat sich nicht vorgenommen, einen antikommunistischen Song zu schreiben, sie musste einfach ihre Gefühle ausdrücken.

Ein weiteres Beispiel für die höhere Kraft von Kunst: Während der Belagerung von Sarajewo im Jahr 1993 spielte der Musiker *Vedran Smailovic* auf der Straße Cello, während die Passanten in panischer Angst vor den Heckenschützen an ihm vorbeiliefen. Die Sängerin *Joan Baez*, die nach Sarajewo gekommen war, um ein Konzert für die Einwohner zu geben, kam zufällig vorbei, umarmte den Cellisten, übernahm seinen Platz und sang mit ungemeiner Intensität *Amacing Grace*. Jedes Mal, wenn ich das Video dieser Szene anschaue, bekomme ich feuchte Augen.

Die Sängerin *Aretha Franklin* drückte es so aus: »Es hat etwas mit Gottvertrauen zu tun. Man muss sich verlieren können an eine Sache, die größer ist als man selbst.«

Gefahren von Kreativität

Kreativität kann auch missbraucht werden. So überlegen sich Menschen immer neue Methoden, andere zu betrügen. Und ich denke, dass kreative Menschen im Allgemeinen dem Leben offener begegnen. Sie wollen Probleme weniger durch Verbote, Bestrafung, Abschaffung usw. lösen, sondern sehen Probleme als Ziele und suchen nach Lösungen, diese Ziele zu erreichen.

4. GRUNDLAGEN DER KREATIVITÄT IN UNSEREM DENKEN

Ich untersuche jetzt einige Grundlagen der Kreativität in unserem Denken. Als Einstieg behandle ich das Thema *Lernen*. Ich liebe einfache, scheinbar dumme Fragen: Was bedeutet das Wort *Lernen*?

Was ist Lernen?

In meinen Kursen höre ich meist, Lernen bedeute, sich *Wissen zu merken*. Wissen zu erwerben ist nur *ein* Teil des Lernens. Wenn Kinder gehen lernen, lernen sie kein Wissen, sondern eine *Fähigkeit*. Doch zurück zu der Frage: »Was ist *Lernen*?« Meine Definition ist: *Lernen bedeutet, etwas miteinander zu verbinden.* Diese Definition erhebt keinen Wahrheitsanspruch, ist aber gut geeignet, um zu verstehen, was beim Lernen vor sich geht. Wenn ein Kind sprechen lernt, verbindet es einen runden Gegenstand mit dem Wort Ball.

O --------------- Ball

Im Gehirn geschieht dies durch eine Verbindung von Nervenzellen. Nervenzellen, die so genannten *Neuronen*, werden über Nervenverbindungen miteinander verknüpft.

Lernen: O -- O

Nervenzelle Nervenverbindung Nervenzelle

Man kann Lernen damit vergleichen, dass jemand im Tiefschnee ins Nachbardorf geht. Er bahnt sich mühsam seinen Weg im Tiefschnee. Der nächste, der diesem Pfad folgt, kann in die alten Fußstapfen treten. Langsam entsteht ein Pfad, auf dem man schnell gehen kann. Je breiter der Pfad wird, desto schneller kann man auf ihm gehen, und desto mehr wird er genutzt. Beim Lernen entstehen neue Nervenverbindungen und vorhandene Nervenverbindungen werden verstärkt. Je öfter eine Nervenverbindung genutzt wird, desto dicker wird sie. Je dicker sie ist, desto schneller läuft der Transport, bis zu 30-mal schneller. Natürlich wird so eine Schnellstraße mehr benutzt und damit weiter verstärkt.

Beim Lernen werden nicht nur einzelne Nervenzellen, sondern ganze Gruppen von Nervenzellen miteinander verbunden, es entstehen Netzwerke von Nervenverbindungen. Man kann das Gehirn mit einem Fischernetz vergleichen. Ist ein Fischernetz grobmaschig, können Fische hindurchflutschen. Ist es engmaschig, verfangen sich die Fische eher im Netz. Hat jemand viel gelernt, ist das Netz der Nervenverbindungen eng und neue Informationen werden leichter mit vorhandenen Informationen verknüpft.

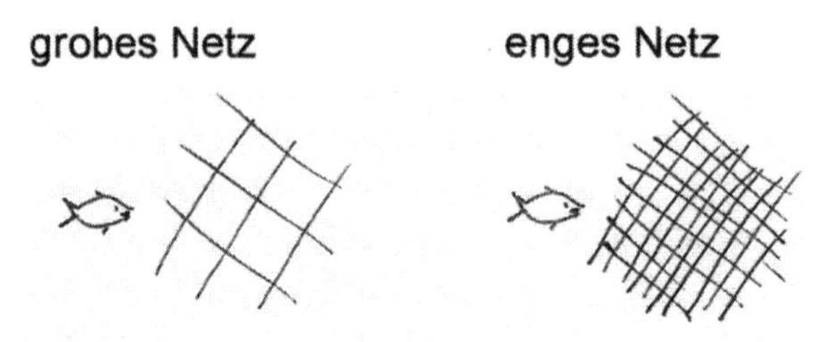

Ich gebe ein Beispiel für ein solches Netz. Ich habe 5 Jahre lang Deutschkurse für russischsprachige Aussiedler gegeben. Wenn ich das Wort *Milch* erklärt habe, habe ich das Wort mit möglichst vielen Dingen verbunden, die die Schüler schon kannten: Milch ist *weiß* wie Papier. Kühe geben Milch, und Kühe machen *Muh*, auch wenn in der Sowjetunion versucht wurde, den Kühen beizubringen, »*lang lebe Lenin*« zu rufen. Dann zeige ich, wie man Milch gewinnt, indem ich das Melken vorspiele. Und man kann *Schokolade* aus Milch machen. Mit je mehr bekannten Informationen ich das Wort *Milch* verbinde, desto besser ist es im Gedächtnis verankert.

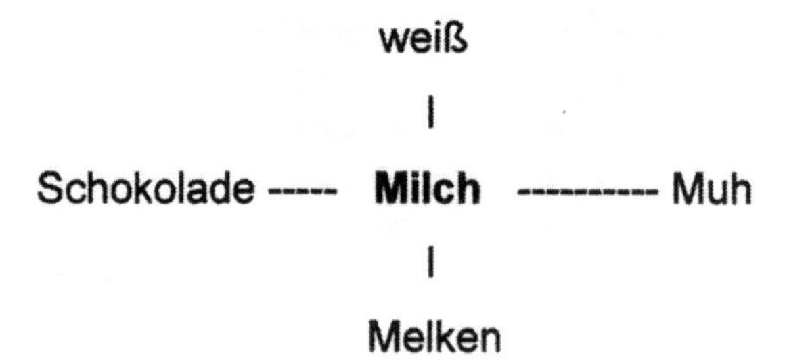

Fällt Ihnen an den Beispielen für Verknüpfungen *weiß, Muh, Melken, Schokolade* etwas auf? Wie unterscheiden sich diese Beispiele?

Diese Beispiele sprechen unsere fünf Sinne an, *weiß* ist für die Augen, fürs Sehen, *Muh* ist für die Ohren, fürs Hören, *Melken* ist fürs Fühlen, *Schokolade* ist für Mund und Nase, fürs Schmecken und Riechen.

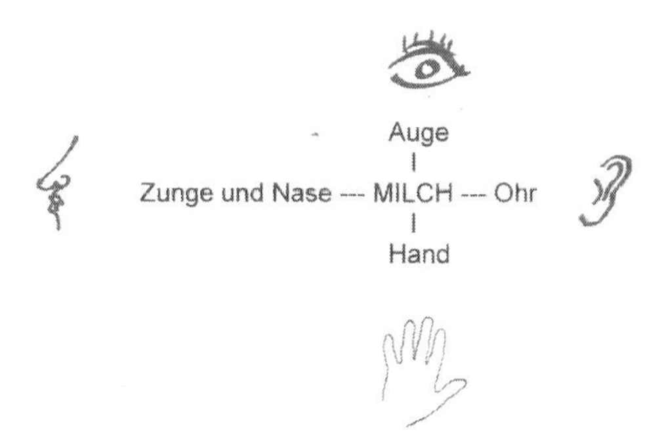

Wir nehmen Informationen über unsere fünf Sinne auf, über Sehen, Hören, Fühlen, Schmecken und Riechen. Viele bevorzugen beim Wahrnehmen einen bestimmten Sinn. Der eine versteht etwas am besten, wenn er ein Bild anschaut, ein anderer will etwas darüber hören und ein Dritter *begreift* etwas besser, wenn er es in die Hand nimmt. Es geht nicht darum, Menschen in Schubladen zu packen, den Seh-, Hör- oder Fühltyp als solchen gibt es nicht. Es geht darum, herauszufinden, auf welche Art Sie und Ihre Kinder Informationen am liebsten aufnehmen. Dies kann man beim Lernen und bei der Kreativität berücksichtigen.

In welcher Form denken wir?

Nachdem wir betrachtet haben, was *Lernen* bedeutet, habe ich schon wieder eine scheinbar primitive Frage: Was bedeutet das Wort *Denken*? Anders gefragt: In welcher Form denken wir? Ich erkläre, was ich mit *Form des Denkens* meine: Ein Bildhauer macht eine Statue. Das Thema beziehungsweise der Inhalt der Statue ist ein Pferd. Die Form beziehungsweise das Material ist Holz. Was ist nun das ‚*Material*' des Denkens, in welcher *Form* denken wir, unabhängig vom Inhalt des Denkens? Wir sind gewohnt, uns mit dem Inhalt des Denkens zu beschäftigen, die Frage nach der Form des Denkens ist nicht üblich. Wir nehmen Informationen nicht nur mit unseren Sinnen wahr, also Sehen, Hören und Fühlen, sondern denken auch mit unseren Sinnen, in Form von inneren Bildern, inneren Tönen, innerer Sprache und innerem Fühlen.

Denken = innerlich | sehen
hören
fühlen
schmecken
riechen

Wenn ich an meinen Urlaub auf Kreta denke, sehe ich das Meer vor mir, höre innerlich griechische Musik, erinnere mich an das angenehme Gefühl der Sonne auf meinem Körper und an das Gefühl der Entspannung, schmecke den herben Wein und rieche den wilden Salbei. Die einzelnen Anteile der Erfahrung sind durch Nervenverbindungen miteinander verknüpft, sie bilden ein Netzwerk. Ich kann mir über jeden einzelnen Anteil dieses Netzwerkes Zugang zum ganzen Netzwerk verschaffen, mich an alle Anteile erinnern. Wenn ich Urlaubsfotos anschaue, erinnere ich mich mit allen Sinnen an den Urlaub.

Innere Bilder können Erinnerungsbilder oder Fantasiebilder sein. Ich kann mir vorstellen, auf dem Mars spazieren zu gehen. Im Hörkanal kann ich innerlich mit mir selbst sprechen, mich an Gespräche, Geräusche oder Musik erinnern oder sie mir vorstellen.

Der Sinneskanal, in dem ich eine Information empfange, kann ein anderer sein als der, in dem ich die Information innerlich erlebe und abspeichere. Ich höre im Radio etwas über Afrika (Input über den Hörkanal) und stelle mir dabei Afrika bildlich vor.

Was ich gerade über die Form unseres Denkens geschrieben habe, ist *die* Basis des Lernens und dabei weitgehend unbekannt.

Die verschiedenen Arten, wie wir Informationen aufnehmen und wie wir sie innerlich erleben, haben immense Auswirkungen. Wir können mit *einem* Blick eine riesige Menge von Informationen aufnehmen. Wir können mit *einem* Blick das Skelett eines Dinosauriers, eine Landkarte oder ein Fahndungsfoto erfassen. Wie lange müsste jemand ein Fahndungsfoto am Telefon beschreiben, um es so rüberzubringen, dass man später die Person auf der Straße erkennt? Ein Bild sagt mehr als tausend Worte. Und es gibt Menschen, so genannte *Eidetiker*, die Bilder quasi innerlich fotografieren können. Eidetiker schauen eine Telefonbuchseite kurz an, fotografieren sie innerlich, schließen das Telefonbuch und lesen die Telefonnummern vom inneren Bildschirm ab.

Um den Unterschied zwischen den verschiedenen Wahrnehmungskanälen beim Lernen weiter zu beleuchten, stelle ich Ihnen gleich eine Frage: Welcher Buchstabe kommt im ABC vor dem P? Was haben Sie getan, um die Antwort zu finden? Wir lernen das ABC meist, indem wir es vor uns hersagen. Wenn wir einen bestimmten Buchstaben im ABC suchen, spulen wir quasi ein inneres Tonband zurück bis zum A und sagen uns die Buchstaben der Reihe nach vor, bis wir beim P angekommen sind. Eine mühsame Prozedur. Manche spulen das innere Tonband nur ein Stück bis zum M zurück und sagen sich »M, N, O, P«. Wenn wir den Lernstoff auf einem inneren Tonband gespeichert haben, bekommen wir in jedem Moment nur *eine* Information und diese nur in einer bestimmten Reihenfolge. Man kann jemanden, der Informationen vom inneren Tonband abruft, mit einer Person vergleichen, die auf einem Acker mühsam eine Kartoffel nach der anderen aufhebt, um eine bestimmte Kartoffel zu finden. Dagegen schwebt ein Mensch, der Informationen vom inneren Bildschirm abruft, wie in einem Ballon über dem gleichen Acker und hat alle Informationen gleichzeitig mit *einem* Blick zur Verfügung. Und er kann sich Details wie mit einem Zoom näher holen und genauer betrachten.

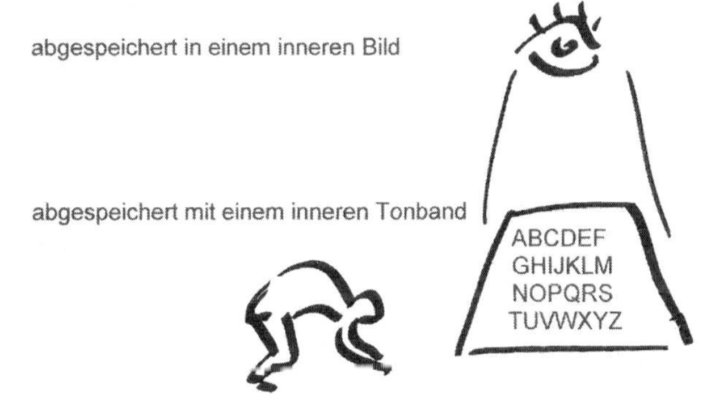

Mit Spaß lernen

Man kann mit Spaß lernen. So ist Lernen am effektivsten. Stress, Anstrengung und Zwang erschweren das Lernen und Denken. Wir wurden vom lieben Gott für den Urwald konstruiert. Wenn im Dschungel ein Tiger auf uns zukommt, schalten die Stresshormone das Gehirn aus. Man bekommt Kraft zum Kämpfen oder zum Weglaufen. Langes Theoretisieren darüber, ob der Tiger ein Männchen oder Weibchen ist, ist in dieser Situation ungünstig. Leider verbinden viele

Lernen mit Stress. Stresshormone sind Lern- Denk- und Kreativitätskiller. Am sinnvollsten ist es, wie Kinder spielerisch mit Freude und Neugier zu lernen. Mit Freude zu lernen hat zwei Vorteile: Es ist effektiver und es macht mehr Spaß.

Was bedeutet *verstehen*?

Wie gesagt, liebe ich scheinbar einfache Fragen. Was bedeutet das Wort *verstehen*? Anders gefragt, was passiert im Gehirn, wenn Sie ein Wort, das Sie lesen oder hören, verstehen? Ein Beispiel: Das Wort *djerewo*. Wenn Sie kein Russisch können, verstehen Sie dieses Wort nicht. Ich sage nun das Wort auf Deutsch: *Baum*. Was ist der Unterschied, woran erkennen Sie, dass Sie das Wort *Baum* verstehen? Wenn ich das Wort *Baum* verstehe, verbinde ich das Wort mit dem Bild eines Baumes. Ich sehe, höre, fühle oder rieche innerlich einen Baum.

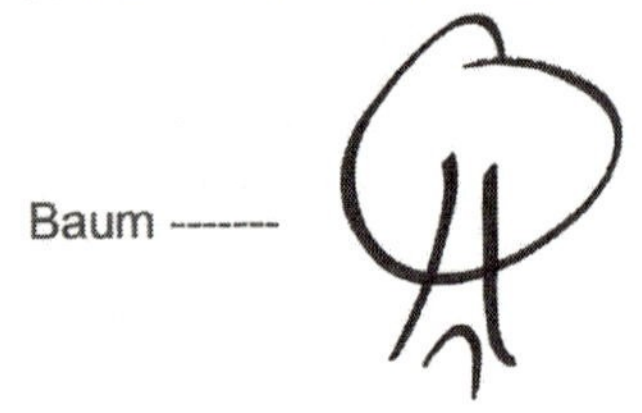

Was passiert nun, wenn ich »*kein Baum*« sage? Um dies zu verstehen, mache ich mir ein Bild eines Baumes und streiche den Baum in der Vorstellung durch. Bei diesem Beispiel ist das nicht problematisch, aber wenn ich mir sage: »Nur nicht an den leckeren Himbeerkuchen denken«, habe ich ein Problem. Ich kann den Satz nicht verstehen, ohne an den Himbeerkuchen zu denken. Und damit hat der arme Himbeerkuchen wenig Chancen, lange zu überleben. Unser Gehirn kann Negationen wie *nicht, ohne, kein,* zahn*los,* eis*frei, un*schön schwer verstehen. Denken Sie jetzt nicht an ein blaues Känguru! Woran haben Sie gerade gedacht? Problematisch ist zu sagen: »*Nur keine Angst!*« Um dies zu verstehen, spürt man *Angst*, ein Gefühl der *Enge* in der Kehle, in der Brust oder im Bauch. Es ist sinnvoller zu sagen: »*ruhig bleiben*. Besonders tückisch sind Sätze wie »*nicht fallen lassen!*« Wer dies einem Kind sagt, das ein Glas in der Hand hält, kann schon Schaufel und Besen holen. In diesem Satz steckt der Befehl *fallen lassen!* Es ist sinnvoll, Dinge, die wir erreichen wollen, in der positiven Form zu formulieren. Also statt: »Ich will nicht unkreativ bleiben« besser: »Ich will lernen, kreativ zu werden«.

In meinem Buch *Effektiv und mit Leichtigkeit lernen* behandle ich, wie man effektiv und mit Spaß lernen kann.

Sich an kreative Momente erinnern

Nachdem ich Sie mit dem Thema, wie unser Gehirn arbeitet, genervt habe, gebe ich ein Beispiel dafür, wie man diese Informationen für die Steigerung der Kreativität nutzen kann.

Ich hatte einmal einen Künstler in meiner Beratung, der in Tränen aufgelöst erzählte, dass er seit zwei Jahren keine Inspiration mehr habe.

Ich habe ganz ‚harmlos' gefragt: »Wie war es denn, als die Inspiration noch kam?« Die Veränderung bei dem Klienten war dramatisch: Er richtete sich auf, seine Augen fingen an zu leuchten und mit kraftvollen Gesten unterstützt sagte er: »Da kam die Energie über meine Füße und Beine in den Körper und dann in die Arme und Hände.«

Unsere Sprache hat eine magische Kraft. Wenn ich Sie bitte, nicht an ein blaues Känguru zu denken, müssen Sie an ein blaues Känguru denken, um den Satz zu verstehen. Wenn ich Sie frage, »können Sie sich an einen Moment in Ihrem Leben erinnern, als Sie kreativ waren, als Sie etwas Neues gemacht haben, als Sie fantasievoll waren«, erinnern Sie sich wahrscheinlich an kreative Momente in Ihrem Leben und kommen so in einen kreativen Zustand.

Übung: Sich an einen kreativen Moment erinnern

Können Sie sich an einen Moment in Ihrem Leben erinnern, als Sie kreativ waren, als Sie etwas Neues geschaffen haben, als Sie fantasievoll waren, als Sie viele Ideen hatten? Wie haben Sie sich gefühlt, was haben Sie gemacht, wie war Ihr Blick, Ihre Atmung, Ihre Körperhaltung? Machen Sie sich dieses Erlebnis möglichst intensiv zugänglich.

Intuition

Kreative Menschen haben meist einen guten Zugang zu ihrer Intuition. Was ist die Intuition und wo kommt sie her? Die Intuition kann auf den riesigen Schatz an Erfahrungen zurückgreifen, den wir im Laufe unseres Lebens gewonnen haben. Auf einem Gemüsemarkt misstraue ich intuitiv dem *einen* Händler, während ich einem anderen vertraue. Ich kann dies nicht rational begründen. Dennoch ist die Intuition nicht irrational. Ich habe im Laufe meines Lebens viele Menschen kennengelernt. Diese Erfahrungen sind im *Unbewussten* gespeichert. Und die Intuition schöpft aus dem großen Erfahrungsschatz des Unbewussten.

Bewusst und unbewusst

Was bedeutet das Wort *unbewusst*? Unter *bewusst* verstehe ich alles, dessen ich mir im Moment bewusst bin. Wenn ich Sie frage, wie sich Ihre große rechte Zehe anfühlt, werden Sie sich Ihrer rechten Zehe bewusst. Vorher war Ihnen das Gefühl Ihrer rechten Zehe wahrscheinlich nicht bewusst. Die meiste Tätigkeit unseres Gehirns ist uns nicht bewusst. Wir machen sie, ohne bewusst auf sie zu achten. Zum Beispiel atmen wir auch, wenn wir schlafen. Alles, was wir gut beherrschen, machen wir normalerweise unbewusst. Oder können Sie beschreiben, wie Sie Ihren Mund beim Sprechen des Worts *Kreativität* bewegen?

Rechte und linke Gehirnhälfte

Unser Gehirn ist in die linke und in die rechte Gehirnhälfte geteilt. Lange Zeit glaubte man, dass die linke Gehirnhälfte für den rationalen Verstand, die rechte Gehirnhälfte für Gefühle, Intuition und Kreativität zuständig sei. Diese Ansicht lässt sich nicht mehr aufrechterhalten. Ich halte diese Aufteilung jedoch als Metapher für sinnvoll. Das heißt, wir haben unseren rationalen Verstand *und* unsere Gefühle. Um kreativ zu werden, ist es günstig, beides zu nutzen, den Verstand und die Gefühle.

Synästhesie

Wir nehmen unsere Umwelt über unsere Sinne Sehen, Hören, Fühlen, Riechen und Schmecken auf *und* wir denken mithilfe unserer Sinne in inneren Bildern, inneren Geräuschen, Gesprächen und Musik, innerem Fühlen, Riechen und Schmecken.

Nun gibt es, gerade bei Künstlern, einen interessanten Sonderfall, die sogenannten *Synästhesien*. Synästhetiker erleben etwas gleichzeitig in verschiedenen Sinnen, die gleichsam miteinander verkoppelt sind, die Sinne überlappen sich. Ein Synästhetiker sagt etwa: »Sie heißt Elisabeth oder Barbara, auf jeden Fall ist es ein rosa Name, er riecht leicht nach Schwefel und an den Rändern ist er scharfkantig.«

Ein synästhetischer Musiker sieht ein Bild und hört dazu innerlich Musik. Ein synästhetischer Maler hört Musik und sieht dabei Bilder. Der Musiker *Miles Davis* schrieb: »Ich sehe Farben und Dinge beim Spielen.«

Ausführlichere Informationen zum Thema Synästhesien finden Sie in dem faszinierenden Buch: *Farben Hören, Töne schmecken. Die bizarre Welt der Sinne* von *Richard E. Cytowic.*

Legasthenie

Ein weiterer interessanter Sonderfall sind *Legastheniker*. Der Forscher *Ronald D. Davis* sagt, dass Legasthenie keine Krankheit ist, sondern eine Fähigkeit. Legastheniker können ein mechanisches Uhrwerk, ein Molekül oder das Sonnensystem gleichzeitig aus verschiedenen Blickwinkeln betrachten. *Einstein* war nicht genial, obwohl er Legastheniker war, sondern *weil* er Legastheniker war. Ausführlichere Informationen zur Legasthenie finden sie in dem spannenden Buch: *Legasthenie als Talentsignal* von *Ronald D. Davis*.

Systemisch denken

Viele Menschen denken nur in Zusammenhängen von Ursache und Wirkung. Etwa, dass eine Vase umfällt, weil jemand dagegen stößt. Wenigen Menschen ist das Denken in Systemen vertraut. In Systemen wirken viele Faktoren zusammen, die Veränderung *eines* Faktors kann zur Veränderung aller anderen Faktoren und des ganzen Systems führen. Ich gehe in Kapitel 7 ausführlich auf das Thema *System* ein.

Prozessorientiert, in Prozessen denken

Viele Menschen denken, sprechen und schreiben in Verdinglichungen, das heißt, sie benutzen für etwas, was sie tun, ein Hauptwort, sie behandeln, was sie tun, wie einen Gegenstand. Menschen, die beim Sprechen Verdinglichungen benutzen, denken oft in starren Kategorien. Sie haben Probleme, Beziehungen, keine Motivation, Streit, Krankheiten, Komplexe. Sie erkennen oft zu wenig, dass sie etwas verändern können. Sie glauben, dass man dynamische Prozesse wie Kriminalität oder Krankheiten nur durch Verbote oder Operationen abschaffen könne. Die moderne Physik scheint Philosophen wie *Heraklit* zu bestätigen, die eine dynamische Sicht der Realität haben. Heraklit sagte, dass alles fließt, dass man nicht zweimal in denselben Fluss steigen kann, da das Wasser ständig wechselt.

Japaner benutzen für *Erfolg* und *Qualität* keine Hauptwörter, sondern Verben. Statt *Erfolg* sagen sie »ständig erfolgreicher werden«. Auch Kreativität ist kein Ding, sondern ein Prozess: Wir schaffen etwas Neues.

Natürlich ist es oft in Ordnung, Verdinglichungen zu benutzen. Manchmal hindern uns Verdinglichungen daran, zu erkennen, dass wir etwas verändern können. In diesen Fällen kann man die Verdinglichungen hinterfragen. Wenn jemand sagt: »Ich bedauere die Entscheidung, mich von meiner Frau zu trennen«, kann man fragen: »Was hindert Sie daran, sich neu zu entscheiden?«

Ganzheitlich, Körper, Verstand, Gefühle und Seele

Viele Menschen denken in starren Gegensätzen von gut und schlecht. In der Realität gibt es selten nur zwei Möglichkeiten. Eine Frau ist schwanger oder nicht schwanger, halbschwanger gibt es nicht. Meist gibt es viele Zwischenformen, es gibt nicht nur schwarz und weiß, es gibt auch grau und viele andere Farben. Oft gibt es einen Zusammenhang zwischen Gegensätzen, Tag und Nacht, Leben und Tod ergänzen und bedingen sich gegenseitig.

Ich denke ganzheitlich, das bedeutet, ich sehe den Körper, den Verstand, die Gefühle und die Seele als eine Einheit. Und ich nehme weniger isolierte Fakten wahr, sondern erlebe Dinge im Zusammenhang.

Was ist NLP, das Neurolinguistische Programmieren?

Mein Hauptarbeitsmittel ist NLP, das *Neurolinguistische Programmieren*. Was ist NLP? Die traditionelle Psychologie lehnt sich an das Denkmodell der Medizin an. Sie untersucht Kranke, sucht nach einer Diagnose, das heißt, sie will herausfinden, was nicht funktioniert, gibt dem Fehler einen Namen und will die Krankheit kurieren oder reparieren. NLP hat einen grundsätzlich anderen Ausgangspunkt. NLP untersucht Menschen, die etwas erreichen, und will deren Erfolge nachvollziehbar machen. NLP ist damit nicht nur für psychisch ‚kranke' Menschen interessant, sondern für jeden, der sein Leben oder seine Arbeit verbessern will.

NLP entstand in den USA. Die Gründer des NLP, der Linguistik-Professor *John Grinder* und der Student *Richard Bandler*, untersuchten Anfang der 70er Jahre die Arbeitsweise der erfolgreichsten Psychotherapeuten der USA. Diese Therapeuten, vor allem der Gründer der Gestalttherapie *Fritz Perls*, die Familientherapeutin *Virginia Satir* und der Arzt und Hypnose-Therapeut *Milton Erickson*, waren für ihre erstaunlichen Erfolge berühmt. Sie hatten völlig unterschiedliche therapeutische Konzepte und schienen auf den ersten Blick nichts gemeinsam zu haben. Bandler und Grinder untersuchten die Sprache dieser Startherapeuten. Und sie fanden eine ganze Reihe von Sprachmustern, die alle diese Therapeuten benutzten. Als Bandler und Grinder anfingen, diese Sprachmuster anzuwenden, hatten sie ähnlich beeindruckende Erfolge bei der Psychotherapie.

Bandler und Grinder erkannten bald, dass ihre Entdeckungen nicht nur für den Bereich der Psychotherapie Bedeutung besaßen. Sie ließen sich auch auf andere Gebiete übertragen. Bandler und Grinder begannen, die Vorgehensweise von erfolgreichen Menschen aus anderen Gebieten zu untersuchen. Sie nahmen das Verhalten von Managern, Verkäufern, Wissenschaftlern und Sportlern unter die Lupe. Sie untersuchten die verschiedensten Arten menschlicher Tätigkeit. Und sie konzentrierten sich dabei vor allem auf die Denkprozesse von Menschen, die etwas besonders gut erreichten. Dabei entdeckten sie verblüffend wirksame Methoden, wie man zum Beispiel Phobien auflösen kann.

Bandler und Grinder gaben ihren Methoden schließlich den etwas hochtrabend klingenden Namen *Neurolinguistisches Programmieren.*

Neuro steht für unser Nervensystem, das heißt, für die Art, wie wir Informationen mit unseren fünf Sinnen wahrnehmen und wie wir sie innerlich verarbeiten. Vor allem beschäftigt sich NLP mit unserem Sehen, Hören und Fühlen und mit unseren inneren Bildern, Gefühlen und Gesprächen. NLP beschäftigt sich mit unserer Art zu denken. Wie ich schon erwähnt habe, denken wir in Bildern, in Selbstgesprächen und in Gefühlen, auch wenn uns die Art unseres Denkens nicht immer bewusst ist.

Die Bezeichnung *linguistisch* im Namen NLP steht für den Einfluss der Sprache auf unsere Kommunikation, unser Denken und unsere Wahrnehmung und damit auf unser Handeln. Ich gebe ein Beispiel für die Auswirkungen unserer Sprache auf unsere Wahrnehmung. Nehmen wir an, eine Firma geht in Konkurs und zwei Kollegen werden arbeitslos. Das Ereignis selbst ist für beide das gleiche. Nun bezeichnet der eine dieses Ereignis als einen Beweis dafür, dass er ein Versager ist. Der andere bezeichnet das Ereignis als eine Herausforderung, eine Chance, etwas Neues anzufangen. Wer von den beiden wird sich besser fühlen, mehr Energie bei der Suche nach Arbeit haben und mehr Chancen, etwas Neues zu finden? Es macht einen großen Unterschied, ob man ein Ereignis als Beweis für sein Versagen oder als Herausforderung bezeichnet.

Das Wort *Programmieren* in der Bezeichnung NLP steht für die Möglichkeit, die Art zu denken und zu handeln zu verändern, etwas zu lernen. So ist es sinnvoll, seine Ziele positiv zu formulieren. Statt zu sagen, man will keine Angst haben, kann man sagen: »Ich will ruhig bleiben«.

Ich selbst mag die Bezeichnung »Neurolinguistisches Programmieren« nicht, sie klingt mir zu bombastisch. Für mich steht *NLP* für ***N**eue **L**ebens**p**erspektiven.*

Der Ein Minuten Kurs NLP

Betrachten wir das Thema NLP aus einer weiteren Perspektive, der Perspektive des *Ein-Minuten-NLP-Kurses:*

1. Fragen Sie sich, was Sie erreichen wollen. Damit setzen Sie sich ein Ziel. Viele Menschen sind eher an Problemen interessiert als an Zielen. NLP ist zielorientiert. Im Grunde gibt es keine Probleme. Ein Problem ist ein auf den

Kopf gestelltes Ziel. Anders ausgedrückt: Man kann jedes Problem in ein Ziel umformulieren. Zum Beispiel: Ich kann kein Englisch, ich bin krank, arbeitslos, obdachlos kann man umwandeln in: Ich will Englisch lernen, gesund werden, eine Arbeit, eine Wohnung finden.

2. Fragen Sie sich, was Sie tun können, um Ihr Ziel zu erreichen. Damit suchen Sie eine Lösung.

3. Bleiben Sie in dem, was Sie tun, flexibel, bis Sie erreicht haben, was Sie wollen. Das bedeutet, dass Sie, wenn etwas nicht funktioniert, nicht immer wieder mit noch mehr Kraft das Gleiche tun, sondern auch andere Wege ausprobieren, Ihr Ziel zu erreichen.

Der Ein-Minuten-NLP-Kurs klingt primitiv und hat es doch in sich. Ich wundere mich immer wieder, wie machtvoll diese Fragen sind.

Mein Buch *Neue Lebensperspektiven* ist eine Einführung ins NLP und in die Lebenskunst.

5. Überzeugungen zur Kreativität

Kreative und weniger kreative Menschen unterscheiden sich vor allem in *einem* Punkt: Kreative sind davon überzeugt, kreativ zu sein, weniger kreative sind davon überzeugt, es nicht zu sein. Die Überzeugungen sind nicht die Folge einer realistischen Selbsteinschätzung, sie sind die *Ursache* dafür, dass die einen kreativ sind und die anderen weniger. Überzeugungen haben die Tendenz, sich selbst zu verwirklichen. Ein Beispiel: Eine Freundin von mir ist überzeugt davon, dass Wespen aggressiv sind. Wenn eine Wespe an ihr vorbeifliegt, verteidigt sich die Freundin, indem sie wild um sich schlägt. Natürlich verteidigt sich nun die Wespe, indem sie die Freundin sticht. Womit wieder einmal bewiesen ist, dass Wespen aggressiv sind.

Der NLP Trainer *Robert Dilts* hat eine Technik entwickelt, wie man einschränkende Überzeugungen in sinnvolle neue Überzeugungen verwandeln kann, die mehr Wahlmöglichkeiten bieten. Die Technik wirkt auch, wenn Sie nicht verstehen, warum sie wirkt. In Kapitel 8 erkläre ich einen Teil dieser Technik, das *Ankern*, ausführlich. Bei der Verwandlung einer einschränkenden in eine unterstützende Überzeugung ist der Ort ein *Anker*.

Wenn Sie denken, dass Sie nicht kreativ sind, können Sie mit dieser Übung eine sinnvollere Einstellung zum Thema Kreativität gewinnen. Lassen Sie sich überraschen.

Übung: Eine neue Überzeugung gewinnen

Wenn Sie eine einschränkende Überzeugung zum Thema Kreativität haben, schreiben Sie diese auf (z. B.: Ich bin nicht kreativ; ich bin zu alt, um kreativ zu werden).

Welche neue Überzeugung hätten Sie gerne an Stelle der alten, einschränkenden? Formulieren Sie die Überzeugung bitte positiv und als Prozess oder Fähigkeit.

Mögliche sinnvolle Überzeugungen zum Thema Kreativität:

Ich bin kreativ und fantasievoll.
Ich kann lernen, kreativ zu werden.
Es macht mir Spaß, kreativ zu sein.
Man kann in jedem Alter lernen, kreativ zu werden.

Welche negativen Nebenwirkungen auf Ihr Leben und das Leben Ihres Umfeldes könnte es geben, wenn Sie diese neue Überzeugung bekommen? Sie können eventuell die neue Überzeugung modifizieren.

5 Zettel (DIN A4) beschriften mit *einschränkende Überzeugung, Zweifel, Veränderung, Vorfreude* und *erwünschte Überzeugung*. Legen Sie die Zettel in einem Kreis auf dem Boden aus.

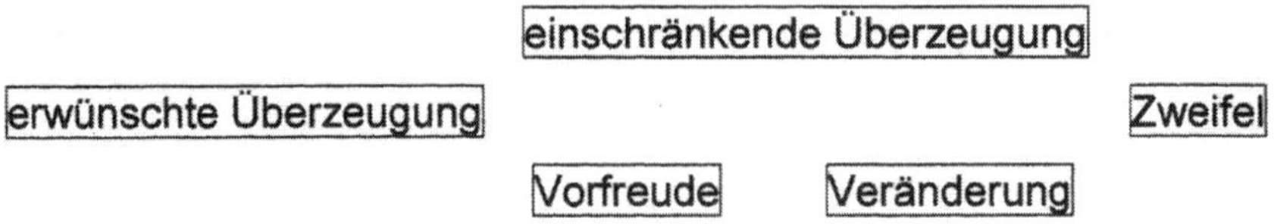

einschränkende Überzeugung

erwünschte Überzeugung Zweifel

Vorfreude Veränderung

Denken Sie an etwas, über das Sie zweifeln, es kann stimmen oder auch nicht (die Münze fällt auf die Seite mit der Zahl). Stellen Sie sich auf den Zettel *Zweifel* und spüren Sie, wie es sich anfühlt, an etwas zu zweifeln. Treten Sie von dem Zettel *Zweifel* zur Seite.

Erinnern Sie sich an einen Moment, als Sie eine sinnvolle Veränderung geschafft haben, zum Beispiel einen Umzug. Stellen Sie sich auf den Zettel *Veränderung* und spüren Sie, wie sich eine sinnvolle Veränderung anfühlt. Treten Sie von dem Zettel *Veränderung* zur Seite.

Erinnern Sie sich an einen Moment in ihrem Leben, als Sie sich auf etwas gefreut haben, das auch eingetreten ist, zum Beispiel die Vorfreude auf einen Urlaub. Stellen Sie sich auf den Zettel *Vorfreude* und spüren Sie, wie sich Vorfreude und Neugier auf etwas Schönes anfühlen. Treten Sie von dem Zettel *Vorfreude* zur Seite.

Denken Sie an etwas, von dem Sie felsenfest überzeugt sind. Nehmen Sie dazu etwas emotional Neutrales, zum Beispiel 1 + 1 = 2. Stellen sich auf den Zettel *erwünschte Überzeugung* und spüren Sie, wie es sich anfühlt, von etwas felsenfest überzeugt zu sein. Treten Sie von dem Zettel *erwünschte Überzeugung* zur Seite.

Werden Sie sich der negativen Folgen der alten Überzeugung in der Vergangenheit bewusst. Diese alte Überzeugung hat vielleicht einmal einen Zweck erfüllt, inzwischen hindert sie nur noch.

Treten Sie auf den Zettel *alte Überzeugung,* spüren Sie die alte Überzeugung zum Thema Kreativität ein letztes Mal und verabschieden Sie sich freundlich von der alten Überzeugung. Sie können sich vorstellen, dass Sie einen Zettel mit der alten Überzeugung in einen Fluss werfen, und der Zettel langsam forttreibt und in der Ferne verschwindet.

Treten Sie auf den Zettel *Zweifel* und spüren Sie, wie Sie immer mehr bezweifeln, dass die alte, einschränkende Überzeugung wirklich stimmt.

Treten Sie auf den Zettel *Veränderung.* Spüren Sie, wie sich die alte Überzeugung verändert.

Treten Sie auf den Zettel *Vorfreude.* Spüren Sie die Neugier und die Vorfreude auf die neue, unterstützende Überzeugung.

Treten Sie auf den Zettel *erwünschte Überzeugung.* Spüren Sie, wie es sich anfühlt, davon überzeugt zu sein, dass diese Überzeugung stimmt. Wie wird sich ihr Leben mit dieser neuen Überzeugung verändern? Nehmen Sie sich Zeit, um die neue Überzeugung zu integrieren.

Falls diese Übung bei Ihnen nicht funktioniert haben sollte, können Sie zu einem erfahrenen NLP Master, Coach oder Trainer gehen und die Technik in einer Einzelsitzung durchgehen. Adressen beim Deutschen Verband für NLP DVNLP, siehe Kapitel 21.

6. Die Basis von Kreativität im Körper

Neben unseren Geist ist unser Körper die zweite Basis unserer Kreativität. Tanzen gehört zu den frühesten kreativen Ausdrucksformen des Menschen.

Ray Charles und *Keith Jarrett* spielen nicht nur mit ihren Armen und Händen Klavier, sondern mit dem ganzen Körper. Mit dem ganzen Körper zu spielen, kann Verspannungen verhindern.

Der Pianist *Daniil Trifonow* vermeidet Verspannungen seiner Hände, indem er im Wasser eines Schwimmbads auf einer imaginären Tastatur spielt. Nach einer halben Stunde mit solchen Unterwasserübungen entspannen sich viele Muskeln. Er meint: »Jede Handbewegung muss Anspannung und dann Entspannung umfassen. Das ist bei mir wie eine Wellenbewegung.«

Der Saxophonist *Sonny Rollins* sagt: »Ich glaube an harte Arbeit. Saxophon zu spielen ist in erster Linie eine körperliche Angelegenheit. Um all die Dinge umsetzen zu können, die einem im Kopf herumspuken, muss man fit sein. Ich versuche aber auch, meinen Geist wach zu halten.«

Auf *YouTube* gibt es ein Video, wie die achtzigjährige *Yoko Ono* zu ihrem Song *Bad Dancer* tanzt und dabei ein Bild malt.

Die fünf Rhythmen™ nach Gabrielle Roth

Die Musikerin und Tänzerin *Gabrielle Roth* hat eine Tanzmeditation entwickelt, die hilft, besser in Kontakt zu unserem Körper und zu den verschiedenen Aspekten unserer Person und des Lebens zu kommen, die *fünf Rhythmen™*.

Die einzelnen Phasen der Meditation werden von Musik begleitet, und man kann sie allein oder in einer Gruppe tanzen.

In der ersten Phase, dem *Flow* (Fließen), tanzt man in fließenden, kreisförmigen Bewegungen, in Kurven, Wellen, wie eine Katze.

In der zweiten Phase, dem *Stakkato*, tanzt man zu hämmernder Musik mit abgehackten, scharfen, eckigen Bewegungen, zuckend und stoßend, mit den Füssen stampfend, mit Fausthieben und Fußstößen wie ein Karatekämpfer, mit der Energie eines klaren NEINs oder JAs, man setzt Grenzen.

In der dritten Phase, dem *Chaos*, tanzt man zu wilder Musik, man lässt sich von dem Rhythmus erfassen, verliert die Kontrolle, die Wirbelsäule wird von einer Welle erfasst, man tanzt chaotisch und wild, man kann sich auch auf dem Boden wälzen und, wenn möglich, verrückte Töne machen.

In der vierten Phase, der *lyrischen Phase*, tanzt man zu beschwingter Musik mit anmutigen Drehungen wie bei einem Walzer, wie Blätter im Wind, spielerisch, frei, leicht, beschwingt, leichtfüßig, auch mit einem oder mehreren Partnern zusammen.

In der letzten Phase, der *Stille*, bleibt man entweder zu ruhiger Musik stehen oder liegen oder bewegt sich mit leichten Bewegungen. Man kann eine innere Ruhe spüren, sich ekstatisch fühlen, der Körper ist ruhig. Man ist heiter und gelassen.

Mir war schon früh klar, dass gute Discjockeys nicht nur Powerstücke wie *Satisfaction* von den *Stones* spielen, sondern wie in einer Welle wechseln von Powerstücken zu beschwingter und ruhiger Musik.

Ausführlichere Informationen zu den fünf Rhythmen™ finden sie in dem Buch *das befreite Herz* von *Gabrielle Roth*. Ähnlich wie die fünf Rhythmen™ funktioniert die *Kundalini Meditation* von *Osho*.

TEIL B
Die Kreativität fördern

Ich untersuche in diesem Teil B, wie man seine Kreativität fördern kann. Ich betrachte zuerst, was die Kreativität behindern kann und was man da tun kann.

7. Was kann die Kreativität behindern und was kann man da tun?

Was kann unsere Kreativität behindern?

Angst vor Fehlern, Scheitern oder Blamage

Ich habe schon erwähnt, dass Angst das größte Lern- und Denkhindernis ist. Der Mensch wurde für den Urwald konstruiert. Wenn im Urwald ein Tiger auf uns zukommt, schaltet das Gehirn ab und wir bekommen Kraft zum Kämpfen oder Weglaufen. Die Angst, Fehler zu machen oder sich zu blamieren, ist eines der größten Kreativitäts-Hindernisse. Anstatt Angst vor Fehlern zu haben, kann man Fehler als Lernschritte betrachten. Man kann lernen, *auf perfekte Art Fehler zu machen*; das bedeutet, aus Fehlern zu lernen und so immer besser zu werden. Wer seine Fehler als Lernerfahrungen, als Ansporn zur Verbesserung betrachtet, zieht aus ihnen Kraft und Erfahrung. Ein Betriebsklima, das keine Fehler erlaubt, führt zu Angst vor Entscheidungen und selbständigem Handeln.

Der Forscher *Felix Reinshagen* empfiehlt, möglichst früh bei der Entwicklung eines Produkts *die* Fehler zu machen, die im alltäglichen Geschäft keinesfalls passieren dürfen.

Bei Angst kann die Frage helfen: Was ist das Schlimmste, was passieren könnte, wenn ich etwas mache? Wenn ich mich um eine Arbeit bewerbe, was ist das Schlimmste, was passieren kann? Dass ich die Arbeit nicht bekomme. Wenn ich mich nicht bewerbe, wird dies auf alle Fälle passieren.

Der Erfinder der Schwimmflügel, mit denen Kinder das Schwimmen lernen können, machte sich in Schwimmbädern zum Gespött der Leute, als er die Schwimmhilfe ausprobierte. Die Angst davor, sich zu blamieren, hinderte ihn nicht an seiner Arbeit. Letztlich hat seine Erfindung vielen Kindern das Leben gerettet.

Im Kapitel 8 stelle ich eine NLP Technik vor, das *Ankern*, mit der man Angst überwinden kann.

Angst als Wegweiser

Ich denke, es gibt noch eine andere Art von Angst, die auf Herausforderungen hinweist und den Weg weist zu neuen Erfahrungen. So habe ich mich lange nicht an das Schreiben dieses Buchs herangewagt.

Zögern

Viele Menschen werden nicht aktiv, weil sie zu oft zögern. Zögern ist eng verwandt mit dem Thema Angst vor Fehlern, Scheitern oder Blamage. Wenn man zu oft zögert, aktiv zu werden, kann man sich wie bei der Angst, etwas zu tun, fragen: Was ist das Schlimmste, was passieren kann, wenn ich etwas mache?

Perfektionismus

Das zweite Kreativitäts-Hindernis ist Perfektionismus. Die Sucht, perfekt sein zu wollen, führt oft zu Enttäuschungen. Zu hohe Ansprüche hemmen die Aktivität. Perfektionisten machen oft gar nichts, weil sie ihre hohen Ansprüche nicht erfüllen können. Es ist meist sinnvoller, sich erfüllbare Ziele und Qualitätsmaßstäbe zu setzen und *sein Bestes zu geben*. Nur in wenigen Bereichen ist Perfektion möglich und nötig. In der Kommunikation und der Kreativität gibt es keine Perfektion. Menschen sind keine Maschinen, Gott sei Dank.

Perfektionisten erzielen oft im Endergebnis schlechtere Resultate, weil sie sich zwanghaft in nebensächliche Details verbeißen und dabei den Überblick über das Wesentliche verlieren. Wenn ich ein perfekter Trainer sein will, bin ich gespalten zwischen dem Idealbild eines perfekten Trainers und dem realen Martin R. Mayer mit seinen kleinen (oder auch größeren) Fehlern und Schwächen. Diese Spaltung kostet Kraft.

Im NLP gibt es den seltsam klingenden Satz: »Alles, was wert ist, getan zu werden, ist auch wert, schlecht getan zu werden«. Wer diesen Satz beherzigt, wird nicht absichtlich Fehler machen, sondern mit mehr Selbstvertrauen Neues ausprobieren und sich dabei auch Fehler zugestehen. Denn am Anfang kann man nicht erwarten, ein Meister zu sein.

Perfektionisten machen oft sich und ihrem Umfeld das Leben unnötig schwer. Sie können bessere Arbeit leisten, wenn sie ihr Bestes geben.

Versuchen, etwas zu tun

Viele sagen, dass sie versuchen wollen, etwas zu tun. Mit dieser Formulierung sabotiert man sich selbst. Wer etwas versucht, rechnet mit der Möglichkeit des Scheiterns, sieht innerlich ein Bild des Scheiterns; dies führt zu einer Verkrampfung, einer inneren Blockade, zu einem hemmenden inneren Dialog. Der Tennistrainer *Timothy Gallwey* sagt seinen Schülern, wenn sie etwas versuchen wollen: »Hören Sie auf, es zu versuchen, spielen Sie einfach Tennis!« So gelingt seinen Schülern mehr. Anstatt etwas zu versuchen, kann man ausprobieren, es zu tun. Wenn ich etwas ausprobiere, mache ich es einfach und lasse mich vom Ergebnis überraschen.

Dabei mit dem ganzen Herzen

Es ist günstig, was man tut, mit dem ganzen Herzen zu tun, seine ganze Energie hinein zu geben. Wer schlechte Arbeit abliefert, weil er denkt, nicht angemessen bezahlt zu werden, gewöhnt sich an einen schlechten Arbeitsstil.

Wenn ich etwas mache, mache ich es richtig. Zu meinem ersten Vortrag vor vielen Jahren kam nur eine ältere Dame. Ich habe den Vortrag trotzdem gehalten und mein Bestes gegeben. Am nächsten Tag rief jemand an und bat mich, vor 50 Managern einer großen Firma einen Vortrag über das gleiche Thema zu halten. Ich war heilfroh, dass ich dazu auf meine Erfahrung mit dem Vortrag vor einer einzigen Zuhörerin zurückgreifen konnte.

Erwartungen

Erwartungen können die Kreativität stören. Wenn ich etwas erwarte, bin ich nicht offen für das, was im Moment passiert. *Alfred Hitchcock* meinte: »der Wunsch, etwas Großes zu machen und, wenn das Erfolg hat, etwas noch Größeres, das ist, wie wenn ein kleiner Junge einen Ballon aufbläst und plötzlich, Peng, fliegt er ihm um die Ohren. Ich gehe nie so vor. Ich sagte mir: mit *Psycho* werde ich einen kleinen hübschen Film machen.«

Andy Warhol sagte: »Denke nicht viel über das Schaffen von Kunst nach, sondern mache es einfach. Lass andere darüber entscheiden, ob sie gut oder schlecht ist.«

Die Regisseurin *Tatjana Gürbaca* meint: »Kategorien wie richtig und falsch passen nicht zur Kunst. Auch in missglückten Inszenierungen kann es Momente geben, die beim Zusehen etwas in mir auslösen. Ich gehe als Zuschauer ins Theater, weil ich emotional berührt werden will. Im Grunde ist Kunst machen ja immer ein Scheitern.«

Keith Richards meint: »Wir suchen immer noch nach den ultimativen Rolling Stones. Wir werden sie niemals finden, aber es ist wie die Suche nach dem Heiligen Gral. Es ist die Suche, auf die es ankommt, nicht, dass man sie findet.«

Blockaden auflösen

Viele Kreative bleiben stecken, weil sie eine Blockade haben, zum Beispiel eine Schreibblockade. In dem Satz »ich habe eine Blockade« steckt ein Denkfehler. Ich gebe ein Beispiel für diesen Denkfehler. Ein Rockmusiker sagte nach einem Herzinfarkt: »Bei den Plattenaufnahmen gibt es halt immer so eine Sauferei.« Welcher Denkfehler steckt in diesem Satz? Der Rockmusiker behandelt etwas, das er tut, nämlich Alkohol trinken, als wäre es ein Gegenstand. Was er tut, ist quasi zu Eis erstarrt. Es wird zum Ding, das unabhängig von ihm existiert, unveränderlich ist und für das er keine Verantwortung trägt. Kriminelle benutzen oft Verdinglichungen, um ihre Taten zu verharmlosen. Ein Politiker, der mit einem Koffer mit 1 Million Euro Bestechungsgeld erwischt wurde, einen Meineid schwor und dabei wieder erwischt wurde, meinte: »Es kam zu einem Fehler, und der Fehler hat andere Fehler nach sich gezogen.« Woran erkennt man Verdinglichungen? Alles, was man in eine Schubkarre packen kann, wenn auch manchmal in eine große, sind keine Verdinglichungen, sondern wirklich Dinge, zum Beispiel Tische und Sterne. Alles andere sind Verdinglichungen. Wir denken und sprechen lebendiger, wenn wir weniger Verdinglichungen benutzen. Man kann Verdinglichungen auflösen, indem man sie in einer Frage in ein Verb, ein Tätigkeitswort, verwandelt, zum Beispiel: »Was hindert Sie daran, weniger zu trinken; wie wäre es, weniger zu trinken?«

Wie würde der Satz »Ich habe eine Blockade« mit einem Verb lauten? Ich bin »blockiert« ist kein Verb. Bei dem Satz: »Ich blockiere mich« ist die Verdinglichung aufgelöst.

Was passiert, wenn ich mich blockiere? Wer ist denn der *Ich* und der *Mich*? Es handelt sich hier um einen inneren Konflikt. Zwei Anteile von mir behindern oder bekämpfen sich gegenseitig.

Typische innere Konflikte

Typische innere Konflikte sind ein Kampf zwischen

Verstand	und	Gefühl
friedlich	und	gewalttätig
Ruhe	und	Aktivität
prüde	und	sexuell ausschweifend
konservativ	und	progressiv
Sicherheit	und	Abenteuer und Risiko
bescheiden	und	angeberisch
ernsthaft	und	albern
geizig	und	finanziell draufgängerisch

Schlaflosigkeit kann Folge eines inneren Konfliktes sein zwischen einem Anteil, der schlafen will und einem, der arbeiten will.

Wie kann man einen inneren Konflikt lösen, etwa einen Konflikt zwischen einem friedlichen und einem gewalttätigen Anteil?

Einen Teil unterdrücken?
In meinen Gruppen höre ich oft den Vorschlag, dass man den unerwünschten Anteil unterdrücken, seinen Willen zusammennehmen und sich dazu zwingen soll, das Richtige zu tun, seinem inneren Schweinehund in den Hintern treten soll. Ich werde später auf diesen Lösungsvorschlag eingehen. Ich will jetzt nur sagen, dass viele Menschen bei dem Versuch, diesen Vorschlag umzusetzen, scheitern.

Man kann einen inneren Konflikt ähnlich lösen, wie einen Konflikt mit anderen Personen, indem man die Interessen von beiden Anteilen berücksichtigt.

Die Versöhnungs-Technik
Im NLP gibt es eine Methode, innere Konflikte ähnlich wie äußere Konflikte zu lösen. Ich nenne diese Methode die Versöhnungs-Technik.

Am besten in einer Einzelberatung
Ich stelle hier nur die Grundprinzipien dieser Methode dar. Bitte wenden Sie diese Methode nicht nur aufgrund dieser Informationen bei sich oder anderen an. Dazu sind weitere Informationen und mehr Erfahrung nötig. Wenn Sie hiermit arbeiten wollen, gehen Sie am besten in eine Einzelberatung zu einem erfahrenen NLP-Master, -Trainer oder -Coach. Manchmal kann allerdings allein der Gedanke, innere Anteile zu versöhnen, heilend wirken.

So tun, als wären die beiden Anteile zwei Personen
Bei der Versöhnungstechnik tut man so, als wäre ein innerer Konflikt ein Kampf zwischen mehreren Anteilen einer Person. Dass man verschiedene innere Anteile hat, ist übrigens nichts Bedenkliches. Ich habe zum Beispiel einen Anteil, der Russisch spricht. Wenn ich Russisch spreche, rede ich mit einer anderen Stimme, als wenn ich Deutsch spreche. Ich fühle mich wie ein Russe. Es ist nur problematisch, wenn sich die Anteile einer Person gegenseitig bekämpfen.

Anteile den Händen zuordnen
Wenn ich mit einem Klienten einen inneren Konflikt lösen will, trenne ich zuerst die bei dem Konflikt beteiligten Anteile voneinander. Nehmen wir an, ein friedlicher und ein gewalttätiger Anteil bekämpfen sich. Ich behandle diese Anteile, als wären sie Personen. Ich bitte den Klienten, jedem Teil einen Namen zu geben, damit ich die Anteile mit diesem Namen anreden kann. Es ist sinnvoll, den Anteilen keine verurteilenden Bezeichnungen wie »Schwächling« oder

»Verbrecher« zu geben, sondern zumindest neutrale Namen. Ich will ja mit den Anteilen ins Gespräch kommen. Wer redet schon gerne mit jemandem, der einen als »Schwächling« oder »Verbrecher« anspricht. Ich habe Fälle erlebt, in denen die Versöhnung schon begann, als der ungeliebte Anteil zum ersten Mal mit einem neutralen Namen angeredet wurde.

Nehmen wir an, der Klient nennt seine Anteile Friede und Kraft. Ich bitte den Klienten, jeden Anteil einer seiner Hände zuzuordnen. Etwa den Anteil Kraft der rechten Hand und den Anteil Friede der linken Hand.

Ich spreche mit den Händen, als wären sie Personen. Nach einiger Zeit gewöhnen sich die Klienten daran und antworten direkt im Namen der Anteile. Der Klient sagt nicht: »Meine rechte Hand, der Anteil Kampf, will ...«, sondern spricht direkt im Namen des Anteils: »Ich will, dass er sich durchsetzt«. Ich spreche abwechselnd mit den beiden Anteilen.

Ich frage die Anteile, ob sie sich bewusst sind, welche positiven Absichten sie für den Klienten verwirklichen wollen. Es ergibt sich zum Beispiel, dass der Anteil *Friede* für Ruhe und Gesundheit sorgen will und der Anteil *Kampf* dafür, dass der Klient geschützt wird und seine Ziele erreicht.

Ich frage die Anteile, was sie von dem anderen Anteil halten. Meist beginnen die Anteile über den anderen zu schimpfen. Ich führe die beiden Anteile zu einer Versöhnung, indem ich jeden Anteil frage, ob der andere Anteil Fähigkeiten besitzt, die ihm selbst bei der Erfüllung seiner positiven Absicht nützlich sein könnten. Ich frage die Anteile, ob sie sich eine Zusammenarbeit für zunächst 10 Tage vorstellen können, bei der sie den anderen Anteil mit ihren Fähigkeiten unterstützen und umgekehrt die Fähigkeiten des anderen Anteils nutzen, wenn sie wollen. Wenn beide Anteile sich eine Zusammenarbeit vorstellen können und sich dazu entscheiden, vertiefe ich die Versöhnung und Integration der beiden Anteile in einer Trance. In Kapitel 15 gehe ich ausführlich auf das Thema *Trance* ein. Hier will ich nur erwähnen, dass die Integration in der Trance tiefer und wirksamer ist, als wenn sie nur vom bewussten Verstand beschlossen wird.

Ich führe den Klienten in eine Trance und bitte ihn, die beiden Hände mit ihren verschiedenen Persönlichkeitsanteilen aufeinander zu zu bewegen und schließlich berühren zu lassen. Damit verschmelzen die beiden Anteile, die sich vorher bekämpft haben, miteinander. Ich bin immer wieder berührt von der versöhnenden Kraft dieser Methode. Die Klienten strahlen nach dieser Arbeit eine tiefe Ruhe aus.

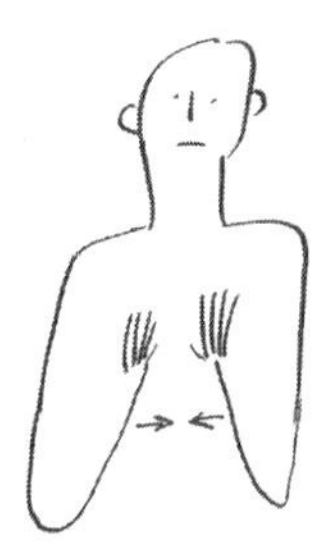

Streitende innere Stimmen

Wenn jemand innere Stimmen hört, die miteinander streiten, kann man diese Stimmen wie Anteile behandeln und den Konflikt mit der Versöhnungs-Technik lösen.

Anteile werden versöhnt

Manchmal verschmelzen die beiden Anteile zu *einem* Teil, in anderen Fällen bleiben es zwei Anteile, die nun kreativ zusammenarbeiten. Wie in einem Orchester spielen Sie harmonisch zusammen. Unsere verschiedenen Persönlichkeitsanteile machen unser Leben interessant und bunt. Wie in einer lebendigen Beziehung können die Spannungen zwischen den Anteilen das Leben bereichern. Problematisch ist es, wenn sich die Anteile bekämpfen und blockieren. In diesen Fällen kann die Versöhnung der Anteile Wunder wirken.

Manchmal ist es nötig, einen Anteil zeitweilig zu übergehen

Natürlich gibt es Momente, in denen es erforderlich ist, einen Anteil von sich zu übergehen, zum Beispiel seine Müdigkeit zu überwinden. Auf Dauer ist es nicht günstig, einen Anteil seiner Persönlichkeit zu unterdrücken.

Annehmen bedeutet nicht unbedingt ausleben

Einen ungeliebten Anteil anzunehmen, bedeutet nicht unbedingt, ihn auch auszuleben. Annehmen eines gewalttätigen Anteils bedeutet nicht, dass man seiner Schwiegermutter den Garaus macht. Wer den gewalttätigen Anteil seiner Persönlichkeit annimmt, nutzt die Kraft dieses Anteils für kreative Zwecke, etwa, indem er Judo betreibt.

Innere Konflikte rauben Energie

Innere Konflikte kosten immense Energie. Kennen Sie die Geschichte von dem alternden Boxchampion, der unbedingt ein Comeback versuchen wollte? Sein

Manager riet ihm davon ab. Der Boxer bettelte: »Ich will nur einmal gegen *Jack den Schrecklichen* kämpfen, alle meinen, er sei der Größte!« Der Manager schüttelte den Kopf: »Gegen *den* kannst du nicht kämpfen!« Der Boxer bettelte weiter: »Aber warum kann ich denn nicht gegen *Jack den Schrecklichen* kämpfen, ich verspreche, es wird mein letzter Kampf sein!« Der Manager seufzte und sagte: »Wie oft muss ich es dir noch sagen, du kannst nicht gegen *Jack den Schrecklichen* kämpfen, weil du selbst *Jack der Schreckliche* bist!«

Oft langer Weg zu sich selbst

Der Weg der Versöhnung mit sich selbst ist oft ein langer Prozess der persönlichen Entwicklung.

Wie kann man den Kampf gegen sich selbst gewinnen?

Während man bei einem äußeren Konflikt die Beziehung abbrechen kann, ist dies bei einem inneren Konflikt nicht möglich. Man kann sich nicht von einem Anteil seiner Persönlichkeit verabschieden, man kann ihn nicht auf Dauer unterdrücken, ignorieren oder auf sonstige Weise ausspielen. Einen Kampf gegen sich selbst kann man nicht gewinnen. Wie soll die rechte Hand die linke Hand besiegen? Ein Sieg wird immer auf eigene Kosten gehen. Gewalt und Unterdrückung sind keine guten Lösungen, sie sind kaum von Dauer. Bei inneren Konflikten ist es einfach nicht möglich, einen Teil abzutöten.

Man kann jemanden, der von einem inneren Konflikt blockiert wird, mit einem Fahrer vergleichen, der gleichzeitig auf Gaspedal und Bremse tritt. Wenn er nicht weiterkommt, geben ihm viele den wohlmeinenden Ratschlag: »Du musst dich mehr anstrengen, deinen Willen stählen, du musst wollen!«

Statt Bürgerkrieg

Wenn manche Leute von sich selbst sprechen, hört sich das an, wie ein Bericht über einen Bürgerkrieg. Sie sagen Sätze wie: »Man muss den inneren Schweinehund überwinden, sich zwingen, sich selbst in den Hintern treten, man darf sich nicht gehen lassen, nicht die Kontrolle verlieren, sich immer im Griff haben.« Wie sprechen *Sie* mit sich selbst, über Ihren Körper, Ihre Gefühle und Ihre Schwächen? Wie gehen Sie mit sich selbst um? So liebevoll und respektvoll wie mit anderen Menschen?

Jesus sagte: »Liebe deinen Nächsten wie dich selbst!« Viele verstehen diesen Satz so, dass man sich zwingen soll, seine Mitmenschen zu lieben. Ich denke, dieser Satz meint auch, dass es gut ist, zuerst mit sich selbst ins Reine zu kommen.

Wer sich selbst verachtet, wird auch seine Mitmenschen verachten, wenn er sie »liebt wie sich selbst«.

Folgen von inneren Konflikten

Wer mit sich selbst kämpft, verschwendet Energie, die kreativ genutzt werden kann. Wenn jemand einen Anteil seiner Person auf Dauer unterdrückt, wird sich dieser Anteil rächen, indem er ihn sabotiert. Oft verhindern innere Konflikte den Erfolg einer Person, verhindern, dass er seine Ziele erreicht. Viele Menschen stellen sich kurz vor dem Durchbruch zu einem Erfolg selbst ein Bein, weil ein Anteil von ihnen einen Einwand gegen den Erfolg hat.

Heilend

Die Lösung von inneren Konflikten kann heilend wirken. Wissen Sie, was die Bedeutung des Wortes *Heilen* ist? *Heilen* bedeutet »ganz machen«, eine innere Spaltung versöhnen. Die ursprüngliche Bedeutung des Wortes *Heilen* kommt in dem Satz vor: »Das Glas ist runtergefallen, aber es ist *heil* geblieben.« Innere Konflikte können zu Krankheiten führen und die Selbstheilung erschweren. Viele Krankheiten ähneln einem Kampf des Organismus gegen sich selbst. Bei Arthritis greift das Immunsystem die Gelenke an.

Veränderung durch Annehmen

Es wirkt paradox, widersinnig: Wer sich ändern will, bleibt oft stehen. Wer sich so annimmt, wie er ist, kann sich leichter ändern. Wenn jemand krampfhaft versucht, sich zu ändern, wenn er mit Willenskraft versucht, ungeliebte Anteile seiner Person zu unterdrücken, werden die unterdrückten Teile Veränderungen blockieren. Der Versuch, sich zu ändern, führt so zum Stillstand. Wer sich dagegen annimmt, wie er ist, mit seinen Fehlern und Schwächen, kommt in eine innere Balance, ist im Einklang mit sich selbst, seine Anteile arbeiten zusammen, ziehen an einem Strang, seine Energie geht in eine Richtung. Und er ändert sich leicht, er wird zu einem kreativen Menschen, der mit sich und der Welt im Reinen ist. Paradoxerweise ändern wir uns, wenn wir uns so, wie wir sind, annehmen.

Gerade die ungeliebten Anteile annehmen

Oft haben gerade die ungeliebten Anteile einer Persönlichkeit eine wichtige Funktion, oft eine Schutzfunktion. So kann ein Anteil, der Angst vor Erfolg hat, vor Überarbeitung schützen. Der Anteil will sicherstellen, dass man noch

Zeit für sich, die Familie und Erholung hat. Wenn man die ungeliebten Anteile integriert, gewinnt man Bündnisgenossen.

Kreativkiller PowerPoint

Ich erlebe oft Redner, die sich hinter teuren Geräten und Programmen wie PowerPoint verstecken, dem Publikum den Rücken zuwenden, den Text auf der Leinwand vorlesen, zum nächsten Bild klicken und sich für große Redner halten, weil sie eine teure Ausrüstung besitzen.

Der Apple-Gründer *Steve Jobs* sagte, er hasse es, »wenn die Leute mit Folienpräsentationen arbeiten. Die Leute gingen ein Problem an, indem sie eine Präsentation erstellten. Ich wollte, dass sie sich engagierten und alles haarklein diskutierten und mir nicht einen Stapel Folien zeigten. Leute, die wissen, wovon sie reden, brauchen PowerPoint nicht.«

Destruktive Fragen

Manche fragen sich, warum sie nicht kreativ sind. Ihnen ist nicht bewusst, dass es auch an der Frage liegt. Die Frage *Warum* ist oft ungünstig. Warum nur?

Problem- nicht lösungsorientiert

Ich habe von einem jungen Mann gehört, der ohne seine Schuld seit einem Unfall querschnittsgelähmt ist. Der Mann sagte, die erste Zeit nach dem Unfall habe er sich immer wieder gefragt, warum ihm dieser Unfall passiert sei. Dann stellte er sich die Frage: »Was kann ich jetzt mit meinem Leben anfangen?« Mit dieser Frage kam neue Energie in sein Leben, eröffneten sich neue Perspektiven. Der Mann ist heute verheiratet, hat eine eigene Firma und führt ein aktives, erfülltes Leben.

Die Frage »Warum scheitere ich immer?« ist auf die Vergangenheit, auf ein Problem und nicht auf ein Ziel gerichtet. Wenn Sie sich dagegen fragen: »Was will ich und wie kann ich das erreichen?« richtet sich die Aufmerksamkeit auf Ziele und Lösungen, Sie werden vom hilflosen Opfer zum Lenker Ihres Lebens.

Die Frage »Warum scheitere ich immer?« hat noch einen weiteren Nachteil. Um dies zu erklären, möchte ich zuerst eine andere Frage untersuchen. Stellen Sie sich vor, jemand fragt Sie: »Klauen Sie immer noch Geld aus der Firmenkasse?« Egal, ob Sie mit Ja oder Nein antworten, Sie haben mit der Antwort die *Vorannahme* dieser Frage, dass Sie Geld aus der Firmenkasse geklaut haben, akzeptiert. Vorannahmen sind geschickte Mittel, um Menschen zu beeinflussen. Eine Vorannahme kann man daran erkennen, dass eine Aussage unabhängig davon gilt, ob man den Satz bejaht oder verneint. Bei der Frage »Klauen Sie immer noch Geld aus der Firmenkasse?« ist das leicht zu durchschauen. Bei der Frage »Warum scheitere ich immer?« fällt die Vorannahme den wenigsten Menschen auf. In diesem Satz wird vorausgesetzt, dass ich immer scheitere. Wenn jemand sich immer wieder sagt, dass er scheitert, wirkt dies wie eine hypnotische Suggestion. Gute Hypnotiseure verwenden genau diese Technik. Sie befehlen nicht direkt: »Gehen Sie in eine tiefe Trance«. Das würde oft zu Widerständen führen. Geschickte Hypnotiseure suggerieren vielmehr indirekt: »Wollen Sie jetzt oder erst in ein paar Minuten *in eine tiefe entspannende Trance gehen?«* Dass der Klient in eine Trance gehen wird, wird vorausgesetzt. Die Frage »warum scheitere ich immer?« wirkt wie eine hypnotische Suggestion, die das Scheitern verfestigt, da es als gegeben vorausgesetzt wird.

Obwohl sich viele Menschen zu lange mit Problemen und zu wenig mit Lösungen beschäftigen, ist es manchmal sinnvoll, sich zu fragen, wie ein Problem entstanden ist. Zum Beispiel bei einem Flugzeugunglück. Man kann aus der Analyse des Absturzes lernen, zukünftige Unfälle zu vermeiden.

Bringt keine hochwertigen Informationen

Die Frage *Warum?* führt nicht zu besonders brauchbaren Informationen. Stellen Sie sich vor, ein Manager schlägt in einer Konferenz vor: »Wir sollten den Verkauf steigern.« Nun fragt jemand: »Warum?« Glauben Sie, dass daraufhin Antworten kommen, die weiterführen? Sinnvoller ist es zu fragen: »Den Verkauf von welchen Produkten können wir steigern, an wen können wir mehr verkaufen, wie können wir den Verkauf ankurbeln, in welchen Geschäften können wir mehr verkaufen?« Diese Fragen führen zu brauchbaren Antworten. Ist es sinnvoll, wenn ein Mann auf das Geständnis seiner Freundin »ich liebe dich« mit der Frage reagiert: »Warum?«

Mechanisch, nicht systemisch

Wonach fragt die Frage *Warum?* eigentlich? Die Frage *Warum?* fragt nach einer Ursache, nach dem Grund für etwas. Die Frage nach der Ursache kann bei einfachen Problemen berechtigt sein. Wenn ein Fahrrad nicht mehr funktioniert, ist die Frage *Warum?* sinnvoll.

Dagegen hilft die Frage *Warum?* bei komplexen Themen meist nicht weiter, führt sogar in die Irre. Die Frage *Warum?* basiert im mechanischen Denken von Ursache und Wirkung. In Systemen dagegen spielen viele Faktoren zusammen, die sich gegenseitig beeinflussen. Jede Veränderung *eines* Faktors hat Auswirkungen auf das gesamte System. In Systemen ist es nicht sinnvoll, nach einem Schuldigen oder nach einer Ursache zu fragen. Genau dies macht aber die Frage *Warum*.

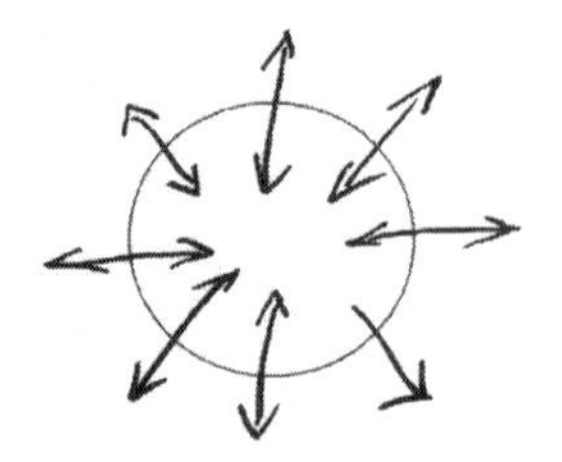

Bei Problemen in Systemen ist es sinnvoller, das Wechselspiel der einzelnen Faktoren zu beleuchten mit Fragen wie »was passiert da genau?« und »wie spielen die einzelnen Faktoren zusammen?«

Ich gebe ein Beispiel für die verheerenden Folgen, die eine kurzsichtige Suche nach einem Schuldigen bei dem komplexen Zusammenspiel vieler Faktoren in einem System haben kann. In der Sahelzone in Afrika wollten Entwicklungshelfer den Menschen helfen. Sie fragten, warum sie so arm seien. Die Leute antworteten, weil sie zu wenig Wasser hätten und ihre Rinder an einer Krankheit eingingen, die von der Tsetsefliege übertragen wird. Die Entwicklungshelfer glaubten die Ursachen der Armut gefunden zu haben und fingen an, tiefe Brunnen zu bohren und die Tsetsefliegen mit Insektiziden zu bekämpfen. Ahnen Sie, welche Folgen dies hatte?

Dieses Vorgehen hatte kurzfristig Erfolg. Weniger Rinder starben, der Bestand an Rindern stieg. Der steigende Wohlstand der Bevölkerung führte zu einem Anstieg der Zahl der Geburten. Die Folgen dieses kurzsichtigen Eingriffes in ein komplexes System wurden erst später ersichtlich: Die Erhöhung der Anzahl der Rinder führte zu einer Überweidung der Viehweiden, die Graslandschaften versteppten, die Wüste breitete sich aus. Die neuen Brunnen führten zu einer Konzentration der Bevölkerung und des Viehs an wenigen Stellen. Langfristig sank der Grundwasserspiegel und viele kleine Brunnen trockneten aus. Bei gestiegener Bevölkerungszahl blieb am Ende bedeutend weniger Vieh übrig als vor dem Eingriff der Entwicklungshelfer. Für die Länder hatte dieser kurzsichtige Eingriff in ein komplexes Ökosystem katastrophale Folgen.

Bei Eingriffen in ein System reicht es nicht, zu fragen, warum man Probleme hat, nach Schuldigen oder Ursachen zu suchen. Es ist sinnvoller, alle Faktoren und die Auswirkungen von Veränderungen zu beachten.

Jeder Mensch ist in sich auch ein System, ein Zusammenspiel von vielen Anteilen, Körper, Geist, Erinnerungen, Einstellungen usw. Gerade wenn

Menschen psychische Probleme haben, hat das oft nicht nur *eine* Ursache. Es spielen meist viele Faktoren zusammen.

Noch eine letzte, nicht ganz ernst gemeinte Frage zum Thema *Warum*: Warum ist die Banane krumm? – Weil sie so lange einen riesigen Bogen um die DDR machen musste.

Ich habe die Frage *Warum?* so ausführlich behandelt, weil sie oft gestellt wird, auch von Beratern und Therapeuten.

Sinnvolle Fragestellungen

Wie kann man sinnvoll fragen, wenn man die Frage *Warum* vermeiden will? Es gibt zwei Arten von Fragen, *geschlossene* und *offene* Fragen. Bei geschlossenen Fragen kann man nur mit Ja oder Nein antworten. Ein Beispiel für eine geschlossene Frage: »Lieben Sie Musik?«

Es gibt Fälle, die man mit einem klaren Ja oder Nein beantworten kann, etwa wenn eine Frau ihren Arzt fragt: »Bin ich schwanger?«

Wenn dagegen ein Immobilienmakler einen Kunden fragt: »Wollen Sie ein teures Haus?«, gibt ihm die Antwort *Ja* wenig brauchbare Informationen. Die Sprache führt uns oft in die Irre mit der Unterscheidung zwischen nur zwei Möglichkeiten, wie schwarz oder weiß, gut oder schlecht, gesund oder krank. In der Realität gibt es unendlich viele Grautöne zwischen Schwarz und Weiß, es gibt noch viele andere Farben.

Wenn man eine geschlossene Frage stellt, die nur die Wahl lässt zwischen *Ja* oder *Nein*, verfällt man leicht dem Irrtum, die anderen Möglichkeiten nicht mehr wahrzunehmen. So fragte mich ein Mann bei einer Beratung: »Soll ich in meiner Firma bleiben oder kündigen?« Wer so fragt, übersieht Alternativen, die ihm auch offenstehen: Er kann in derselben Firma eine andere Tätigkeit suchen, er kann eine Nebenbeschäftigung aufnehmen oder nebenher eine neue Stelle suchen und erst kündigen, wenn er etwas Neues gefunden hat.

Geschlossene Fragen geben wenig konkrete Informationen und setzen den Befragten oft unter Druck, weil er schon vermuten kann, was der Fragende hören will. Es gibt jedoch mindestens *eine* Situation im Leben, in der es sinnvoll ist, eine geschlossene Frage zu stellen. Ich frage meine Freundin nicht, *wen* sie heiraten will, sondern ob sie mich heiraten will.

Meist ist es sinnvoll, offene Fragen zu stellen wie *Wer, Was, Wie, Wo, Wann.* Hier hat der Gefragte mehr Freiheit bei seiner Antwort, hier können sich brauchbarere Informationen ergeben. Wenn Sie wollen, können Sie in der nächsten Zeit darauf achten, ob auf die Frage *Warum* brauchbare Antworten kommen.

Vielleicht wollen Sie auch ausprobieren, ob Sie mit den Fragewörtern *Wie*, *Was*, *Wann*, *Wo* usw. wertvollere Antworten bekommen.

»Das ist nicht möglich«

Viele Menschen machen es sich und anderen bei kreativen Tätigkeiten schwer, indem sie sagen: »Das ist nicht möglich.« Um dies zu sagen, braucht es keine Intelligenz. Bei der Entscheidung, ob etwas möglich ist, hilft die Frage, ob *ein* Mensch schon einmal etwas Ähnliches geschafft hat. Mit 80 Jahren die Tour de France zu gewinnen, scheint eher unmöglich zu sein.

Meist ist mehr möglich, als wir uns und anderen zutrauen. So beschloss eine fast völlig taube Frau, Schlagzeug zu studieren. Auf den ersten Blick scheint die Erfüllung dieses Wunschs unmöglich. Doch die Frau hat es geschafft, sie ist heute eine anerkannte und erfolgreiche Schlagzeugerin.

»Ich kann das nicht«

Andere machen es sich bei kreativer Tätigkeit schwer, indem sie sagen: »Ich kann das nicht!« Eine Kursteilnehmerin sagte immer wieder: »Ich kann das nicht!« Ich entgegnete jedes Mal etwas wie: »*Ihnen* traue ich das auch nicht zu!« Worauf sie mir total motiviert das Gegenteil bewies. Eine andere Teilnehmerin wiederholte dreimal hintereinander: »Ich kann das nicht!« Ich bat sie, den Satz noch zehnmal ganz schnell zu wiederholen. Dadurch verlor der Satz seine Macht. Ich vermute, dass dabei zwei Dinge eine Rolle spielten. Es regte sich ihr Widerstand gegen den Satz, den ich ihr verordnet hatte. Und indem sie den Satz immer schneller sprach, verwandelte er sich ins Lächerliche.

Konzentrieren oder entspannen?

Meistens wird empfohlen, sich zu konzentrieren. Ich bin da skeptisch. Es gibt zwei verschiedene Arten des Sehens, die eine Art ist ein konzentrierter, auf *einen* Punkt fokussierter Blick, die andere Art ist ein weiter, peripherer Blick. Beim Autofahren ist ein weiter Blick meist günstiger. Mit dem weiten Blick kann man sehen, ob von der Seite ein Reh kommt, ob ein schlingernder Wagen entgegenkommt, oder ob auf der Ladefläche des LKWs vor einem ein Teil vibriert und droht, herunterzufallen. Bewegungen nehmen wir am Rande des Blickfeldes am besten wahr.

Beim Lernen scheint mir ein Wechsel von konzentriertem und weiten Blick sinnvoll. Ich lese erst konzentriert einen Satz wie *Reibung schafft Wärme.* Dann lasse ich meine Gedanken fließen, um Beispiele für diesen Satz zu finden, etwa, dass ich meine Hände reibe, wenn mir kalt ist.

Ich verbinde das Wort Konzentration mit Druck und Anspannung. Ich finde es meist sinnvoller, *bei der Sache zu sein*, als konzentriert zu sein. Ich gehe im nächsten Kapitel ausführlich auf diesen Zustand ein.

Bei kreativen Tätigkeiten ist es sinnvoller, entspannt statt konzentriert zu sein. Im konzentrierten Zustand richtet man seine Aufmerksamkeit auf einen kleinen Bereich in der Außenwelt. Im entspannten Zustand kann man leichter Zugang finden zu dem weiten Feld der inneren Wahrnehmung, der Erinnerung, der Fantasie, der Intuition. Die Kreativitätsforscherin *Ayca Szapora* fand heraus, dass Konzentration beim kreativen Problemlösen hinderlich ist.

8. Wie kann man in einen kreativen Zustand kommen?

Nachdem ich untersucht habe, was hindern oder stören kann, in einen kreativen Zustand zu kommen, will ich betrachten, was man tun kann, um in einen kreativen Zustand zu kommen. Wie ich eben schon erwähnt habe, hilft Entspannen, in einen kreativen Zustand zu kommen.

Entspannen

Man kann leichter kreativ werden, wenn man locker ist. Wenn man angespannt ist, sind die Muskeln verspannt. Verspannte Muskeln kosten Kraft und führen oft zu Schmerzen, etwa Kopf- und Rückenschmerzen. Für jede Körperbewegung ist ein An- und Entspannen von Muskeln nötig. Wenn ich den Unterarm in dem Bild unten heben will, spanne ich, vereinfacht dargestellt, Muskel A, während Muskel B sich entspannt. Wenn ein Muskel dauernd angespannt oder verspannt ist, kann er sich nicht bewegen. Dies kostet Energie und ist schmerzhaft. Es kann zu Krankheiten führen und macht uns innerlich verkrampft und unflexibel, zum Beispiel *halsstarrig*.

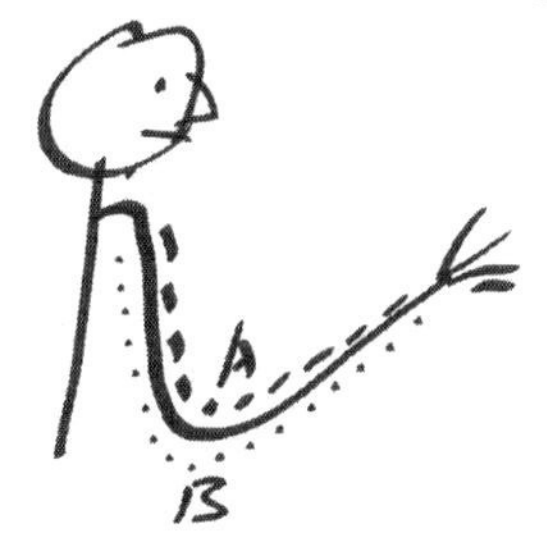

Wie kann man sich entspannen? Manche versuchen krampfhaft, sich zu entspannen. Sie sagen sich: »Ich *muss* jetzt sofort entspannen!« Dies führt oft zu noch stärkerer Verspannung. Hier kann man zuerst die Anspannung bewusst verstärken, fünf Sekunden lang eine Gruppe von Muskeln anspannen und dann entspannen. Wenn Sie wollen, können Sie dies kurz testen.

Übung: Muskeln entspannen

Spannen Sie für fünf Sekunden eine Gruppe von Muskeln Ihres Körpers an, zum Beispiel Hände, Unterarme und Oberarme. Und genießen Sie es, die Muskeln erleichtert mit einem tiefen Ausatmen zu entspannen.

Gerade bei längerer Lektüre kann diese Übung angenehm sein. Wenn man lange krampfhaft versucht hat, sich in eine Richtung zu bewegen und dabei festgefahren ist, ist es oft sinnvoll, erst in die Gegenrichtung zu gehen.

Es gibt eine Geschichte von dem Therapeuten *Milton Erickson.* Erickson half als Junge seinem Vater auf dem elterlichen Bauernhof. Sein Vater versuchte vergeblich, ein störrisches Kalb in den Stall zu ziehen. Milton Erickson zog das Kalb am Schwanz, worauf sich das Kalb diesem Ziehen nach außen widersetzte und in den Stall rannte.

Zurück zu dem Thema, wie man entspannen kann. Man kann sich massieren lassen oder sich selbst massieren, zum Beispiel die Hände, die Füße, das Gesicht. Gerade eine Fußmassage kann entspannend sein. Sie haben sicher schon von Akupunktur gehört. Dabei regt man bestimmte Punkte mit Hilfe von kleinen Nadeln an, die heilend auf verschiedene Organe wie Lunge und Herz wirken. Fast dieselbe Wirkung hat eine Massage der Punkte mit den Fingern, wie es im Shiatsu geschieht. Viele dieser heilenden Punkte liegen auf den Fußsohlen. Deshalb entspannt eine Fußmassage nicht nur die Füße, sondern den ganzen Körper.

Es gibt viele Techniken, die entspannend wirken, wie *Chi Gong* und *Feldenkrais.* Man kann meditative Musik hören, zum Beispiel *The Mystic Dance* von *El Hadra.* Um leichter in einen Zustand der Entspannung oder der Meditation zu kommen, kann man immer denselben Platz für die Entspannung nehmen. Dieser Platz wird mit der Entspannung verknüpft, verankert. Sobald man sich an diesen Platz setzt, kommt man leicht in einen Entspannungszustand.

Man kann in der Früh eine erfrischende Dusche oder abends ein warmes Bad nehmen. Man kann sich beim Duschen vorstellen, Anspannungen, Sorgen usw. abzuwaschen.

Ein kurzer Schlaf oder ein kurzer Tagtraum können entspannend und erholsam wirken. Viele können sich beim Tanzen oder beim Spazierengehen am besten entspannen.

Um zu entspannen, kann man in der Fantasie eine Reise an schöne Orte wie die Südsee oder in den Himalaja machen, eine so genannte *Traumreise.*

Lachen, Gähnen, sich Dehnen

Auch Lachen, Gähnen, sich Dehnen und Grimassenschneiden können entspannen, können unsere Muskeln, speziell die Gesichtsmuskeln entspannen, mehr Bewegung und Gefühl in unser Leben bringen. Wenn Sie vermeiden wollen, in die Psychiatrie eingewiesen zu werden, ist es vielleicht besser, diese Übungen allein zu Hause anzuwenden. Und es gibt eine heilsame Methode in einer Gruppe zu lachen, das *Lach Yoga.*

Bodenkontakt

Gerade bei Prüfungen oder wenn man eine Rede halten will, hilft es, sich seines Kontaktes mit dem Boden bewusst zu werden. Man kann sich vorstellen, unter den Füssen Wurzeln zu haben, die 10 Meter tief in die Erde reichen und einem Halt und Selbstvertrauen geben. Unsere Sprache hat ein tiefes Wissen über unsere Psyche. Es gibt viele Ausdrücke, die über die Kraft des Bodenkontaktes berichten: »Jemand hat den Boden unter den Füßen verloren, er ist selbständig.«

Sich an einen Moment erinnern, als man entspannt war

Ich habe schon die Möglichkeit erwähnt, sich an einen Moment im Leben zu erinnern, als man kreativ war, um in einen kreativen Zustand zu kommen. Genauso kann man in einen Zustand der Entspannung kommen, indem man sich an einen Moment in seinem Leben erinnert, als man entspannt war.

Die Wunderfrage

Ähnlich wirksam wie die Frage »*können Sie sich an einen Moment erinnern, als Sie kreativ waren*«, ist die so genannte *Wunderfrage*. In einem Rhetorikkurs bat ich eine Teilnehmerin, nach vorne zu kommen, um vor der Kamera eine Rede zu halten. Die Frau wurde kreidebleich, zitterte am ganzen Körper und sagte: »Ich kann das nicht!«

Ich frage sie ganz ‚harmlos' wie es denn wäre, wenn sie frei und selbstsicher vor der Kamera sprechen könnte. Die Frau richtete sich auf, ihre Augen begannen zu leuchten, sie schlug mit der Faust auf den Tisch und rief: »Ich würde den Typen zeigen, was in mir steckt!« Und schon sprang sie auf und lief nach vorne.

Wie kam diese fast magisch erscheinende Verwandlung zustande? Um die Frage, »*wie würden Sie sich fühlen, wenn Sie frei und selbstsicher vor der Kamera sprechen könnten*«, zu verstehen, muss man sich vorstellen, frei und selbstsicher vor der Kamera zu sprechen. Im NLP heißt es, Vorstellung und Erfahrung benutzen parallele Nervenbahnen. Neuere Gehirnforschung deutet darauf hin, dass es sogar dieselben Nervenbahnen sind. Das bedeutet, wenn ich in einen Zustand der Selbstsicherheit bei einem Vortrag kommen will, kann ich mich an erfolgreich von mir gehaltene Vorträge erinnern. Ich kann mir auch nur vorstellen, erfolgreich eine Rede zu halten. Ich denke an ein Thema, über das ich gerne erzähle, wie einen Urlaub oder ein Hobby. Ich erinnere mich an einen Moment in meinem Leben, als ich mich gut fühlte, und stelle mir vor, wie ich einer Freundin, die gerne zuhört, von einem Urlaub erzähle. Ich lasse in der Vorstellung Schritt für Schritt neue Leute dazukommen, die interessiert zuhören. Auf diese Erfahrung in der Vorstellung kann ich zurückgreifen wie auf einen real gehaltenen Vortrag. Spitzensportler nutzen dieses mentale Training für das Durchspielen einer Bewegungsfolge.

Steven Spielberg tat zu Beginn seiner Karriere nur so, als ob er Regisseur wäre. Er nahm an einer Besichtigungstour eines Filmstudios teil. Dort gab es Container mit dem Namen des jeweiligen Regisseurs und der Bezeichnung Regisseur. Ein alter Container stand leer. Am nächsten Tag machte Spielberg selbstständig eine Tour durch das Gelände. Er hängte ein professionell aussehendes Schild mit der Bezeichnung »Steven Spielberg Regisseur« an den Eingang des leeren Containers und machte sich darin breit.

Nach und nach lud er immer mehr Leute zu einem Drink vor seinem Container ein. Er fing an, selbst gedrehte Filmchen zu zeigen. Und irgendwann fragte ihn jemand, der mit Arbeit überladen war, ob er für ihn eine Szene in einem Film drehen könne. Und schon hatte er einen Fuß im Filmbusiness.

Harry Belafonte glaubte zu Beginn seiner Karriere wirklich, er sei nur ein Schauspieler, der einen Sänger in einem Theaterstück spielt. Ihm dämmerte langsam, dass er vielleicht doch ein Sänger ist, als bei seinem ersten öffentlichen Auftritt als Sänger in einem Jazzclub plötzlich der große *Charlie Parker* auf die Bühne kam und ihn begleitete.

Übung: Wunderfrage

Können Sie sich vorstellen, wie es wäre, wenn Sie entspannt wären? Und können Sie sich vorstellen, wie es wäre, wenn Sie kreativ wären? Was würden Sie alles machen? Wie würde sich ihr Leben ändern, wenn Sie jetzt schon kreativ wären? Tun Sie einfach so, als ob Sie kreativ wären!

Fähigkeiten für Kreative Momente

Ich betrachte nun, welche Fähigkeiten bei kreativer Tätigkeit nützlich sind. Je nach Person und Art der Kreativität können andere Fähigkeiten angebracht und erwünscht sein. Im nächsten Abschnitt über das *Ankern* werde ich untersuchen, wie man sich diese Fähigkeiten in Situationen, in denen man sie braucht, zugänglich machen kann.

Ich habe die Fähigkeiten, die für kreative Tätigkeit nützlich sein können, nach verschiedenen Themen geordnet. Zuerst betrachte ich Fähigkeiten, welche die Person betreffen.

Die Person betreffend

Um kreativ zu sein, ist es günstig, wenn man selbstsicher und selbstbewusst ist. Am besten ist, wenn man mit sich im Reinen ist, wenn man mit sich im Einklang steht. Dadurch wird man *kongruent*, das bedeutet, was man denkt, sagt und macht und was man nonverbal über seine Körpersprache und seine Stimme ausdrückt, stimmen überein. Dadurch wird man authentisch und bekommt eine natürliche Autorität.

Um mit sich ins Reine zu kommen, kann man sich selbst annehmen, mit seinen Fehlern und Schwächen, man kann seine inneren Konflikte lösen. Wie man das macht, habe ich Kapitel 7 behandelt. Wer mit sich im Einklang steht, fühlt sich wohl in seinem Körper, seiner Atmung und seiner Stimme.

Günstig ist, wenn man zu seiner Einzigartigkeit steht, wenn man seine Schwächen und Stärken kennt und annimmt, und wenn man seinen Stärken vertraut. *Hans-Peter Erb* meint, je größer der Wunsch nach Individualität bei einer Person sei, desto größer sei die Wahrscheinlichkeit, dass sie kreativ und offen für neue Erfahrungen ist.

Günstig ist, wenn man zuversichtlich ist, das bedeutet, dass man sicher ist, etwas zu erreichen. Es hilft, wenn man in sich selbst ruht, sich geborgen in sich selbst fühlt und Urvertrauen in die Existenz hat.

Der *Apple* Gründer *Steve Jobs* meinte: »Wenn man im Leben kreativ sein will, dann darf man nicht ständig zurückblicken. Man muss bereit sein, alles, was man war, von heute auf morgen über Bord zu werfen. Je mehr die Öffentlichkeit einen auf ein bestimmtes Bild festnageln will, umso schwieriger ist es, weiterhin Künstler zu sein.«

Yurij Gleba meint: Für wirkliche Innovation ist freies, manchmal radikales Denken die notwendige Voraussetzung.

Locker

Kreative Menschen sind meist spielerisch und locker wie Kinder. Sie sind phantasievoll, haben neue Ideen und Träume. Sie können ganz in eine Tätigkeit aufgehen. Sie können den kreativen Prozess genießen. Sie sind ganz bei der Sache, sie befinden sich in einem *Flow Zustand*. Weiter unten gehe ich ausführlich auf diesen Zustand ein.

Kreative Menschen haben meist einen guten Zugang zu ihren Gefühlen und zu ihrer Intuition.

Es hilft, wenn man humorvoll ist, wenn man liebevoll über Schwächen und Fehler von sich und anderen lächeln kann. Und es hilft, wenn man sich etwas verrückt, *crazy*, beschwipst, wie nach einem Glas Sekt, fühlen kann.

Ausdauer und Power

Günstig ist, wenn man Ausdauer hat, wenn man Rückschläge, Niederlagen und Durststrecken aushalten kann, wenn man eine große Frustrationstoleranz hat. Kreative können geduldig sein.

Günstig ist eine innere Stärke, Power, ein Schuss Aggressivität, wenn man etwas angehen, etwas anpacken kann. Im Englischen gibt es dafür den Ausdruck *go for it!*

Es ist gut, wenn man das, was man tut, gerne tut, wenn man in dem, was man tut, total ist, wenn man es mit all seiner Kraft tut. Kreative können leidenschaftlich sein.

Es ist günstig, wenn man den Mut hat, ausgelacht zu werden, für andere lächerlich zu erscheinen, sich zu blamieren.

Professor *Frank Baron* meint: Kreative Menschen können

1. Unsicherheit aushalten.

2. scheinbare Gegensätze und Widersprüche aushalten. Sie können mit unterschiedlichen Standpunkten und abweichenden Realitäten umgehen.

Ich denke, in der Medizin können verschiedene Ausgangspunkte, etwa die traditionelle chinesische Medizin, schamanische Techniken, Homöopathie und die westliche Medizin, obwohl sie sich widersprechen, alle wirksam sein. Der Physik Nobelpreisträger *Nils Bohr* meinte: Es gibt zwei Arten von Wahrheiten: »Bei der oberflächlichen Wahrheit ist das Gegenteil falsch. Bei der tieferen Wahrheit können beide Wahrheiten stimmen.«

3. Sie sind hartnäckig und beharrlich. Kreative Menschen lassen sich nicht von etwas abhalten, weil alle denken, dass es unmöglich zu erreichen wäre.

Ein Beispiel: Ein Lehrer schrieb drei als unlösbar geltende mathematische Probleme an die Tafel. Ein Schüler, der während des Unterrichts vor sich hingedöst hatte, dachte, als er die Fragen an der Tafel las, das sei die Hausaufgabe. Er machte sich am Wochenende daran, die Fragen zu lösen. Am Montag gestand er dem Lehrer, dass er nur zwei von den Hausaufgaben lösen konnte. Der Lehrer verstand ihn erst nicht und konnte kaum glauben, dass es dem Schüler gelungen war, zwei bisher als unlösbar geltende mathematische Probleme zu lösen.

Zielgerichtet

Es ist günstig, zielgerichtet zu sein, sein Ziel im Blick zu haben. Dadurch wird man zum Handeln motiviert.

Kommunikative Fähigkeiten

Für Menschen, die in einer Gruppe kreativ sind, wie Musiker und Schauspieler, ist es günstig, wahrnehmen zu können, was bei anderen vor sich geht und darauf eingehen zu können, andere begleiten zu können und so Kontakt aufbauen und halten zu können. Und es hilft, sich selbst und andere für etwas begeistern zu können.

Lernen

Es ist günstig, wenn man lernfähig ist, wenn man neugierig ist, wenn man wie ein Kind etwas immer wieder neu, aus anderen Perspektiven wahrnehmen kann. *Albert Einstein* meinte: »Ich habe keine besondere Begabung, sondern bin nur leidenschaftlich neugierig.« Kreative Menschen können sich immer wieder von etwas überraschen lassen, sie sind offen für neue Erfahrungen.

Lewis Carroll schrieb: »Sometimes I've believed as many as six impossible things before breakfast." (Manchmal glaubte ich vor dem Frühstück sechs unmögliche Dinge). *Steve Jobs* fand folgende Metapher für Menschen, die immer wieder in dieselben Denkmuster verfallen und weniger innovativ sind: »In den meisten Fällen bleiben die Leute in diesen Mustern hängen, wie die Nadel in einer Schallplattenrille, und kommen nie wieder raus. Natürlich gibt es Leute, die von Natur aus neugierig sind, sie bleiben ihr Leben lang ehrfürchtig staunende kleine Kinder.«

Es ist günstig, konstruktiv mit Rückschlägen, Fehlern usw. umzugehen und daraus zu lernen. Kreative haben den Mut, Fehler zu machen, sie besitzen Risikobereitschaft. Und sie sind flexibel, das heißt, wenn etwas nicht klappt, machen sie nicht mit mehr Anstrengung immer wieder dasselbe, sondern probieren auch mal etwas anderes aus.

Kreative können konstruktive Kritik annehmen und ihre Arbeit selbstkritisch betrachten, daraus lernen und so ihre Arbeit verbessern.

Wahrnehmung

Meister in ihrem Fach zeichnen sich aus durch eine genaue Wahrnehmung, ein Feingefühl für ihr Metier. Musiker haben ein feines Gehör, Köche ein gutes Gespür für Gerüche und Geschmack.

Der Pianist *Daniil Trifonow* meint: »... ich genau analysiere, was ich beim Spielen höre, und zwar in der Gegenwart. Gleichzeitig müssen wir im Kopf behalten, was schon geschehen ist. Und gleichzeitig ist es unabdingbar, die Zukunft, also die kommende Passage, im Kopf zu planen.«

Es ist günstig, wenn man Überblick besitzt. Überblick ist ein weiter, peripherer Blick, mit dem ich erfasse, wo ich mich befinde und wo ich hinwill. In einem Bahnhof erkenne ich, wo die Bahnsteige sind und wo es Tickets zu kaufen gibt.

Es hilft, wenn man Strukturen und Muster erkennen kann. Ein Muster entsteht, wenn sich ein bestimmtes Prinzip wiederholt. Beim Schachbrett wechseln sich waagrecht und senkrecht schwarze und weiße Felder ab.

Kreative können meist die Kreativität anderer Menschen erkennen und anerkennen. Sie besitzen bei sich und bei anderen ein Gefühl für Qualität.

Spannungsfelder

Kreative Menschen besitzen häufig Fähigkeiten, die sich scheinbar widersprechen. *Mihály Csíkszentmihályi* wies nach, dass bei Kreativen scheinbar gegensätzliche Merkmale zusammenkommen: zum Beispiel extro- und introvertiert. In Kapitel 11 gehe ich ausführlich auf die Spannungsfelder ein, in denen oft kreative Werke entstehen.

Fähigkeiten für einzelne Felder der Kreativität

Manche Fähigkeiten sind für einzelne Bereiche der Kreativität günstig. In manchen Bereichen ist es günstig, lebendig und verständlich sprechen und schreiben zu können. In anderen Bereichen hilft ein Gefühl für Rhythmus, manchmal hilft es, tänzerisch zu sein.

Rhythmus

Der Psychiater *Oliver Sacks* erzählt in seinem Buch *der Tag, an dem mein Bein fortging* eine interessante Geschichte zum Thema Rhythmus. Sacks brach sich auf dem Rückweg von einer Bergtour ein Bein. Er war allein und damals gab es noch keine Handys. Nachts würde die Temperatur tief unter Null Grad fallen und er wusste nicht, ob er die Nacht überleben würde. Er robbte auf einem Bein, seinem Hintern und zwei Händen den Berg runter. Er »fand einen Rhythmus, der einer Art Marsch- oder Ruderlied unterlegt war«, der ihn in seiner Bewegung unterstützte. Dazu sang er immer wieder »ohne Hast, ohne Rast!« Nach sieben Stunden Robbens, als es schon dunkel wurde, fand ein Jäger ihn praktisch in letzter Minute, der ihn rettete.

Liste der Fähigkeiten für Kreative Momente

Die Person betreffend

Selbstsicher, selbstbewusst
Sich wohlfühlen in seinem Körper, seiner Atmung und seiner Stimme
Authentisch sein
In sich zu ruhen, mit sich im Einklang stehen, mit sich im Reinen sein, innere Autorität, kongruent sein, das heißt, Denken, Sprechen, Handeln und nonverbale Kommunikation stimmen überein.
Individuell sein, zu seiner Einzigartigkeit stehen
Zuversichtlich sein, das heißt, sicher sein, es zu schaffen
Zugang zu seinen Gefühlen
Urvertrauen in die Existenz, geborgen in sich selbst
Vertrauen in die eigene Stärke
Im Hier und Jetzt leben können

Locker

Locker, spielerisch, entspannt
Bei der Sache sein (siehe unten den Abschnitt über den Flow-Zustand)
Zugang und Vertrauen zu seiner Intuition
Fantasie, neue Ideen haben
Träumerisch
Humor, liebevoll über eigene und fremde Schwächen und Fehler lächeln können
Etwas verrückt, *crazy*, beschwipst (wie nach einem Glas Sekt)
Lustig
Den kreativen Prozess genießen können

Ausdauer und Power

Ausdauer
Go for it, Power, ein Schuss Aggressivität, es angehen, es anpacken
Total sein in dem, was man tut
Etwas gerne tun
Mut, ausgelacht zu werden, lächerlich zu erscheinen, sich zu blamieren
Große Frustrationstoleranz
Sich nicht entmutigen lassen, Schwierigkeiten, Rückschläge, Durststrecken und Unsicherheit aushalten
Scheinbare Gegensätze und Widersprüche aushalten

Hartnäckig, beharrlich
Geduldig
Leidenschaftlich
Kreative Menschen lassen sich nicht von etwas abhalten, weil alle denken, dass es unmöglich zu erreichen wäre.

Zielgerichtet

Zielgerichtet und motiviert

Kommunikative Fähigkeiten

Wahrnehmen was bei anderen vor sich geht und darauf eingehen können, begleiten, Kontakt finden können. Das ist zum Beispiel für Musiker und Schauspieler im Team wichtig.
Sich selbst und andere für etwas begeistern können

Lernen

Neugierig, etwas immer wieder neu, aus anderen Perspektiven wahrnehmen können
Wie Kinder offen sein für Überraschungen und Wunder, für neue Erfahrungen
Konstruktiv mit Rückschlägen, Fehlern usw. umgehen und daraus lernen
Mut, Fehler zu machen, verletzbar zu sein
Risikobereitschaft
Flexibel
Von Kindern lernen können
Konstruktiv selbstkritisch sein können, eigene Fehler erkennen und aus ihnen lernen können

Wahrnehmung

Genaue Wahrnehmung, Feingefühl, das zeichnet Meister aus. Strukturen und Muster erkennen können
Überblick
Kreativität und Qualität erkennen und anerkennen können

Fähigkeiten für einzelne Bereiche der Kreativität

Lebendig und verständlich sprechen und schreiben können
Tänzerisch
Gefühl für Rhythmus

Jederzeit in einen kreativen Zustand kommen, ankern

Wie wäre es, wenn man sich die Fähigkeiten, die bei kreativer Tätigkeit nützlich sein können, in den Situationen, in den man sie braucht, zugänglich machen könnte? Es gibt im NLP eine solche Möglichkeit, das so genannte *Ankern.* Nehmen wir an, Jan will kreativer werden. Er überlegt sich zuerst, welche Fähigkeiten er in kreativen Momenten besonders brauchen könnte. Vor allem würde er sich gerne sicher fühlen. Er fragt sich, ob er sich einmal in seinem Leben sicher gefühlt hat. Er erinnert sich, dass er sich beim Baden sicher fühlt.

während

Baden → sicher

Wenn er sich ans Baden erinnert, es wieder von innen erlebt, das heißt, wieder dasselbe sieht, hört und fühlt wie beim Baden, kommt er in einen Zustand von *sich sicher fühlen.*

erinnern

Baden → sicher

Wichtig ist, dass die Erinnerung nur mit angenehmen Gefühlen verbunden ist. Es ist dabei nicht nötig, das Datum zu wissen. Aber es ist besser, nicht nur ans Baden allgemein zu denken, sondern an ein konkretes Erlebnis.

Diesen Zustand von Sicherheit kann er mit einem Auslöser verbinden, um ihn sich jederzeit wieder zugänglich machen zu können. Er kann zum Beispiel, wenn er sich ans Baden erinnert und so in den Zustand von Sicherheit gekommen ist, Daumen, Zeigefinger und Mittelfinger der linken Hand zusammendrücken.

Auslöser (Anker) Fingerdruck:

Wenn er das ein paar Mal wiederholt, sind schließlich der Zustand von Sicherheit und der Auslöser Fingerdruck miteinander verbunden, verschweißt.

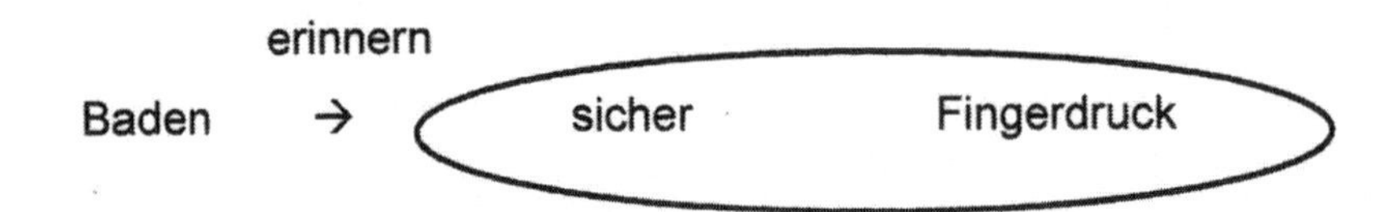

Sobald Jan den Auslöser aktiviert, indem er die drei Finger zusammendrückt, kommt er automatisch in den Zustand von Sicherheit

Fingerdruck → sicher

Das bewusste Auslösen eines Ankers nennt man *einen Anker feuern*. Jan kann in Momenten, in denen er gerne kreativ sein will, den Anker feuern, indem er die Finger zusammendrückt, und fühlt sich automatisch sicher.

kreativer Moment

Fingerdruck → sicher

Ein Künstler kann das Anfassen seines Instruments, also des Pinsels oder der Geige, als Anker nehmen.

Ankern ist eine altbekannte Technik, die dauernd benutzt wird. Eine Reaktion wird dabei mit einem Auslöser verbunden. Ich gebe ein paar Beispiele für Anker aus dem Alltag. Wenn meine Mutter eine Fabriksirene hört, bekommt sie Todesangst, weil sie der Klang der Sirene an den Fliegeralarm im Krieg erinnert. Ein Arbeiter in dieser Fabrik verbindet den Ton der Sirene mit seinem Feierabend und angenehmen Gefühlen. Wer einen Oldie aus seiner Jugend hört, kann zu den Gefühlen von damals Kontakt bekommen. Fotos aus der Kindheit können Erinnerungen zugänglich machen. Besonders Gerüche sind starke Anker. Ein Parfum kann an eine Jugendliebe erinnern. In dem Buch *Eine Liebe Swanns* wird *Marcel Proust* durch den Geschmack eines Gebäcks in seine Jugend versetzt. Gute Schriftsteller und Regisseure verstehen es, den Leser beziehungsweise Zuschauer durch Anker in intensives Erleben zu führen. Selbst sprechen lernen wir durch Ankern. Wenn unsere Mutter oft genug beim Anblick eines Balls das Wort Ball sagt, verbinden wir schließlich den Klang des Wortes Ball mit dem Gegenstand Ball.

Beim Ankern geht es nicht um den Zusammenhang von Ursache und Wirkung, wie, dass ein Glas zerbricht, weil es heruntergefallen ist. Beim Ankern geht es um die Auslösung eines Zustandes durch einen Reiz, der nicht ursächlich mit der Reaktion verbunden ist. Beim Ankern wird durch *einen* Anteil des Erlebens das ganze Erlebnis wieder zugänglich. Durch *einen* Teil des Erlebnisses, zum Beispiel den Geruch, kommt man wieder in das ganze Erleben, man sieht, hört, fühlt, riecht und schmeckt wieder wie in der ursprünglichen Situation. Der Geruch eines Parfums bringt einen in die Erinnerung an die Jugendliebe. Ankern ist eine starke Art des Lernens. Ein ähnlicher Sachverhalt wie das Ankern ist als *Konditionierung* bekannt.

Wenn ich an meinen Urlaub auf Kreta denke, bilden die Erinnerungen an den Urlaub in den verschiedenen Sinneskanälen ein zusammenhängendes Netz von Nervenverbindungen, die sich gegenseitig beeinflussen.

Ankern kann man vielseitig nutzen. Ankern ist die Basis jeder Werbung. Man versetzt den Zuschauer eines Werbespots in eine angenehme Stimmung und verbindet diese Stimmung mit einem Produkt. Etwa das Gefühl von Freiheit und Abenteuer mit einer Zigarettenmarke. Zigaretten haben nichts mit Freiheit und Abenteuer zu tun. Aber die Werbung hat diesen Zusammenhang so oft gezeigt, dass viele ihn unbewusst übernehmen. Tennisspieler benutzen das Auftippen des Balles vor dem Aufschlag als Anker für einen Zustand von Siegeswillen. Journalisten lächeln oft über den ‚Aberglauben' von Spitzensportlern, wenn sie das Trikot, das sie bei ihrem größten Triumph trugen, immer wieder tragen wollen. Dabei nutzen die Sportler nur die Kraft der Anker.

Anker können Fähigkeiten mit bestimmten Situationen verbinden. Anker können Fähigkeiten wie Selbstvertrauen, die wir in *einer* Situation zur Verfügung haben, zum Beispiel im Sport, für andere Lebenssituationen, zum Beispiel Bewerbungsgespräche, zugänglich machen.

Es ist sogar möglich, mehrere Fähigkeiten mit *einem* Anker zugänglich zu machen. Dazu verbindet man mehrere Fähigkeiten, eine nach der anderen, mit demselben Anker, man ‚stapelt' sie auf einen Anker.

Wenn Jan in kreativen Momenten nicht nur ein Gefühl von Sicherheit, sondern auch Lockerheit und Intelligenz braucht, verbindet er diese Fähigkeiten eine nach der anderen mit dem Druck seiner Finger.

Anker stapeln:

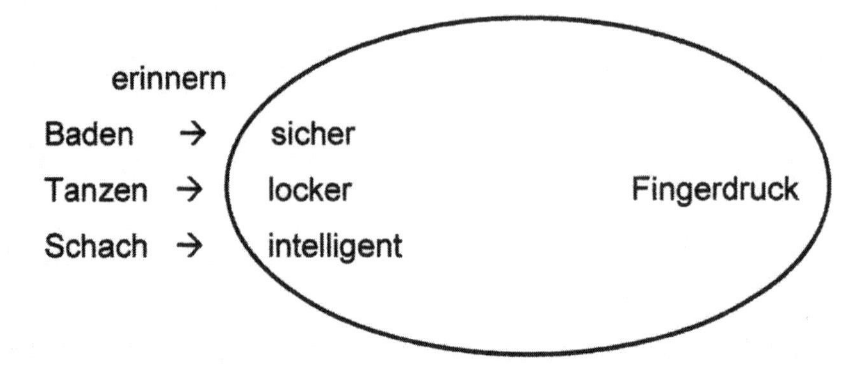

Wenn Jan eine Fähigkeit noch nie in seinem Leben zur Verfügung hatte, kann er eine Person, die über diese Fähigkeit verfügt, als Modell nehmen. Er kann in diese Person hineinschlüpfen und sich so in den Fähigkeiten Zustand begeben. Im nächsten Abschnitt behandle ich diese Methode ausführlich. Oder er kann sich vorstellen, wie es wäre, wenn er die Fähigkeit besitzen würde.

Nun kann es, etwa beim Musizieren, stören, die Finger der linken Hand zusammengedrückt zu halten, um in einem selbstsicheren Zustand zu bleiben. Deshalb gibt es eine weitere Möglichkeit, die Fähigkeiten in kreativen Momenten zugänglich zu machen.

Jan kann verschiedene kreative Momente mit gedrücktem Anker im Geist erfolgreich durchspielen. Er nimmt sich ein paar Minuten Zeit, macht es sich in einem Sessel bequem, feuert den Anker, indem er die drei Finger zusammendrückt und gedrückt hält, und stellt sich dabei vor, wie er leicht und erfolgreich kreativ tätig ist.

kreativ tätig sein im Geist durchspielen

Fingerdruck → sicher

Wenn man etwas im Geist erfolgreich durchgespielt hat, ist diese Erfahrung fast so wirksam, als hätte man es schon einmal in der Realität getan.

Wer noch nie vor einer größeren Gruppe von Menschen gesprochen hat, glaubt oft, er könne das nicht. Ihm fehlt meist nur die Erfahrung, vor vielen Menschen gesprochen zu haben. Man kann sich mühsam in der Realität hocharbeiten, vor

3, 5, 10, 15, 25, 45, 100 Leuten sprechen. Das kostet Zeit und ist nicht immer möglich. Man kann diese Erfahrung schneller und eleganter in der Vorstellung gewinnen.

Ich will noch einmal zurückkommen auf Jans Durchspielen der kreativen Situation in der Vorstellung. Damit die Veränderung noch wirksamer wird, kann er in der Vorstellung verschiedene kreative Situationen in der Zukunft mit gedrücktem Anker, und damit mit den neuen Fähigkeiten, durchspielen, wenn möglich aus verschiedenen Lebensbereichen wie Familie, Arbeit und Freizeit. Er kann das immer schneller in seiner Vorstellung durchspielen. Damit wird die Lernerfahrung automatisiert. Jan kann verschiedene kreative Momente, an verschiedenen Orten, erfolgreich und locker im Geist durchspielen. Dadurch werden die frühere Problemsituation und die erwünschten Fähigkeiten im Geist miteinander verschweißt. Die ehemalige Problemsituation wird zum Auslöser für die erwünschten Fähigkeiten.

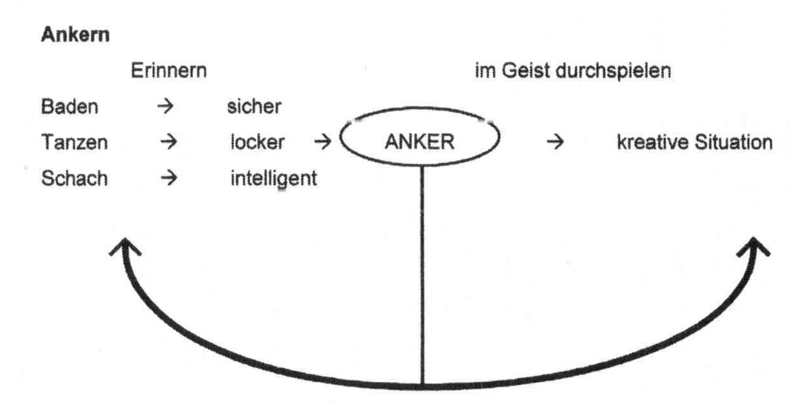

Durch dieses *Überbrücken in die Zukunft* wird sichergestellt, dass das neue, erwünschte Verhalten in der Zukunft automatisch in den Situationen eintritt, in denen es erwünscht und angebracht ist. Am sinnvollsten ist, den Auslöser, der früher zu dem unerwünschten Verhalten führte, zum Auslöser des neuen, erwünschten Verhaltens zu machen. Wer Angst hat, vor vielen Menschen zu singen, kann das Bild, wie er die Zuhörer vor sich sieht, als Auslöser für Selbstsicherheit und Lockerheit nehmen.

Zum Abschluss überprüft man die Wirksamkeit der Veränderungsarbeit, indem man ohne gedrückten Anker noch einmal an die Situation denkt, in der man mehr Fähigkeiten zur Verfügung haben wollte. Wie hat sich das Gefühl dazu verändert? Braucht man eventuell noch weitere Fähigkeiten? Auch dieser Test zum Abschluss ist ein wichtiger Bestandteil jeder Veränderungsarbeit mit NLP. Mit dem Test kann man überprüfen, ob die Arbeit erfolgreich war oder ob noch weitere Schritte notwendig sind.

Nebenwirkungen beachten

Es ist günstig, sich vor jeder Veränderung zu fragen, welche unerwünschten Nebenwirkungen die Veränderung mit sich bringen könnte. Fragen Sie sich, ob Sie das neue Verhalten wirklich immer anwenden wollen, ob es irgendwelche unerwünschten Nebenwirkungen auf Ihr Leben, das Leben Ihrer Familie oder das Leben von anderen geben könnte. Achten Sie auf innere Einwände, ein warnendes Gefühl, ein Bild oder eine innere Stimme. Vertrauen Sie Ihrem Unbewussten, Wege zu finden, Ihnen Einwände mitzuteilen.

Man kann sich kaum vorstellen, wie viele Einwände selbst bei scheinbar einfachen Veränderungen auftauchen. Ich habe einmal mit einer Klientin gearbeitet, die eine chronische Krankheit loswerden wollte. Als ich fragte, ob es Einwände dagegen gebe, wieder gesund zu werden, kamen zehn Einwände. So hatte sie Angst, dass ihre Frühpensionierung wieder rückgängig gemacht wird und ihr Mann sie nicht mehr so umsorgt. Wenn man die Einwände bei der Veränderung berücksichtigt, verwandeln sich Einwände in Bündnisgenossen. Wenn man diesen Schritt auslässt, können die Einwände die Veränderung sabotieren.

Wenn Sie wollen, können Sie jetzt einüben, sich für eine bestimmte Situation zusätzliche Fähigkeiten zugänglich zu machen.

Übung: in kreativen Momenten Fähigkeiten zugänglich machen

Sie können diese Anweisungen auf Band sprechen und während des Übens anhören oder von einer anderen Person vorlesen lassen.

Nehmen Sie sich 45 Minuten Zeit, stellen Sie sicher, dass Sie ungestört bleiben und setzen Sie sich gemütlich hin.

Sie können das Ankern auch für Situationen nutzen, die für Sie kein Problem darstellen, für die Sie aber noch mehr Fähigkeiten zur Verfügung haben wollen.

Könnte es irgendwelche unerwünschte Nebenwirkungen geben, wenn Sie in der früheren Problemsituation über neue Fähigkeiten verfügen? Wenn ja, berücksichtigen Sie die Nebenwirkungen.

Wählen Sie einen Anker, zum Beispiel Daumen, Mittel- und Zeigefinger zusammendrücken. Wählen Sie einen Anker, den Sie jederzeit wieder drücken können.

Am besten ankern Sie möglichst genau an derselben Stelle mit dem gleichen Druck. Wenn Sie noch nicht so geübt sind, können Sie zur Sicherheit jede Fähigkeit mehrmals ankern.

Testen Sie, ob der Anker mit einem unangenehmen Gefühl verbunden ist. Wenn ja, nehmen Sie einen anderen Anker.

Überlegen Sie, welche Fähigkeiten Sie gerne in der kreativen Situation zusätzlich zur Verfügung hätten. Machen Sie eine Liste aller erwünschten Fähigkeiten. Normalerweise reichen 5 bis 10 Fähigkeiten. Formulieren Sie die Fähigkeiten positiv, also *sicher* statt *angstfrei*. Nehmen Sie bei der Formulierung keine Steigerungsform wie *sicher**er***, sondern *sicher*. Bei der Form *sicherer* denkt das Unbewusste an »sicherer als jetzt«, und wenn Sie im Moment unsicher sind, denken Sie an unsicher.

Überlegen Sie, wann Sie schon einmal über diese Fähigkeit verfügten. Nehmen Sie eine konkrete Situation, also nicht locker im Urlaub, sondern eine konkrete Situation. Sie brauchen nicht zu wissen, wann genau es war.

Das Erlebnis darf nur mit angenehmen Gefühlen verbunden sein. Und die Fähigkeit darf nur von Ihnen selbst kommen, also nicht Mut, weil Sie die Unterstützung einer Gruppe hinter sich hatten.

Wenn Sie eine Situation gefunden haben, in der Sie die Fähigkeit hatten, gehen Sie folgende Punkte Schritt für Schritt durch:

1. Erleben Sie die Situation nochmal von innen: Was sehen, hören und fühlen Sie in dieser Situation? Beobachten Sie sich in der Situation nicht von außen, sondern erleben Sie die Situation wie in dem Moment damals. Wie ist Ihre Körperhaltung, Ihr Blick, Ihre Atmung? Machen Sie die Erinnerung so stark, so realistisch und positiv wie möglich. Erleben Sie das Erleben der Erinnerung möglichst intensiv, mit allen Sinnen, mit möglichst anziehenden Feinunterscheidungen (Kapitel 22), zum Beispiel bunt, groß, dreidimensional.

2. Ankern Sie kurz vor Erreichen des Höhepunktes des Fähigkeiten-Zustandes. Wenn Sie zu spät ankern, ankern Sie die Abnahme des Zustandes.

3. Lenken Sie sich ab, schauen Sie um sich.

4. Schritte 1-3 mehrmals, dreimal reicht meistens.

Ankern Sie alle erwünschten Fähigkeiten genauso, eine nach der anderen an derselben Stelle.

Sie können nun die Augen schließen und, während Sie den Anker drücken und halten, an Situationen denken, in denen Sie kreativ sein wollen. Sie können sich vorstellen, wie Sie mit den zusätzlichen Fähigkeiten die Situation leicht und erfolgreich meistern. Denken Sie an mehrere Situationen in der Zukunft, in denen Sie kreativ sein wollen. Gehen Sie verschiedene Kontexte im Geist durch, in Beruf, Familie und Freizeit.

Sie können den Anker lösen, die Augen öffnen und erfrischt und wach in diesen Augenblick und an diesen Ort zurückkommen.

Wenn Sie nun daran denken, kreativ tätig zu werden, wie hat sich Ihr Erleben verändert? Wenn das Erleben noch nicht angenehm genug ist, können Sie noch weitere Fähigkeiten ankern. Sollte diese Technik nicht wirken, können Sie zu einem erfahrenen NLP-Master, -Coach oder -Trainer gehen.

Man kann das Ankern auch nutzen, indem man kreative Tätigkeiten räumlich und zeitlich von anderen Arbeiten absetzt.

Arbeitsroutinen nutzen

Routinen wirken wie Anker. Viele Künstler nutzen Routinen, um in einen kreativen Zustand zu kommen. Wenn *Haruki Murakami* an einem Roman arbeitet, wacht er um 4 Uhr morgens auf und schreibt fünf, sechs Stunden am Stück. »Ich halte jeden Tag an dieser Routine fest. Die Wiederholung selbst ist das Wichtigste; sie ist eine Form der Hypnose.«

Mason Currey untersuchte die Arbeitsroutinen von über 160 berühmten kreativen Menschen. Normalerweise arbeiten die Kreativen einige Stunden am Stück. Diesen festen Arbeitsstunden folgt meist eine lange Pause, die sie als Teil der Arbeit verstehen. Viele nutzen die Pause für einen Spaziergang. *Beethoven* arbeitete bis etwa zwei Uhr, die Zeit seines Mittagessens. In der Zwischenzeit lief er ein oder zweimal ins Freie, wo er spazierengehend weiterarbeitete, kam nach einer halben oder vollen Stunde wieder mit neuen Ideen nach Hause und schrieb sie nieder. Diese Ausflüge blieben zu jeder Jahreszeit gleich, auch bei Regen.

Ähnlich wie Routinen können Rituale helfen, in einen kreativen Zustand zu kommen. Rituale wirken wie Anker. *Simenon* schrieb den ersten Entwurf eines Romans auf ganz bestimmte Briefumschläge.

Nicht ernsthaft, verbissen

Vieles ist schwerer zu erreichen, wenn man sich dazu zwingt. Einschlafen, kreative Tätigkeiten, freies Reden, Entspannen, Meditieren, die Erektion beim Mann und Kommunizieren werden durch zwanghaftes Bemühen erschwert. Zu viel Ernsthaftigkeit erschwert die Arbeit und das Leben.

Spielerisch

Wer seine Arbeit spielerisch erledigt, schafft sie meist schneller und besser als Leute, die zwanghaft an die Arbeit herangehen. Spielerische und hochwertige Arbeit sind keine Gegensätze. Spielerisch zu arbeiten bedeutet, mit Freude und Lockerheit an die Arbeit heranzugehen.

Ein Zeichen für wirkliche Könner ist, dass ihre Arbeit einfach aussieht, ob beim Tennis oder im Geschäftsleben. Meisterschaft und *Eleganz* bedeuten, etwas mit einem Minimum an Anstrengung zu tun. Natürlich hat *Roger Federer* viel trainiert, um seine Meisterschaft im Tennis zu erreichen. Gerade, dass sein Spiel so leicht erscheint, ist ein Zeichen seiner Meisterschaft. Es ist günstig, spielerisch und mit Freude an das Leben und an die Arbeit heranzugehen.

Flow

Menschen, die Höchstleistungen vollbringen, befinden sich meist in einem Zustand des *Fließens (Flow)*, in dem ihnen alles scheinbar mühelos gelingt. In diesem Zustand werden der Tänzer und der Tanz eins, man vergisst alles um sich herum, geht völlig in seinem Tun auf und verliert das Gefühl für Zeit. Sie können Menschen im Flow beobachten, zum Beispiel den Musiker *Ray Charles*. Oder sehen Sie sich das Video auf Youtube an, wie *Buddy Guy* den Song *Damn Right, I've got the Blues* spielt. Ich habe oft zwei völlig verschiedene Arten von Kellnern beobachtet. Der eine läuft verspannt und gehetzt durch das volle Lokal. Der andere bewegt sich anmutig wie ein Tänzer durch die gleiche Menschenmenge, aufrecht und mit strahlenden Augen. Der zweite bekommt nicht nur mehr Trinkgeld, er ist auch schneller und effektiver in seiner Arbeit. Ich bewundere Bier Zapfer, die hinter der Theke trotz einer langen Schlange von Wartenden ganz ruhig ein Bier nach dem anderen zapfen und dabei noch Zeit finden für kurze Gespräche. Das ist auch im Interesse der Wartenden. Wenn der

Zapfer hektisch wird, schäumt das Bier zu stark, und alle müssen noch länger warten.

Man kann sich an Momente erinnern, als man in einem Flow-Zustand war und man kann Menschen beobachten, die in diesem Zustand sind. Und man kann so tun, als ob man im Flow-Zustand wäre. Man kann auf zwei Arten verhindern, in einen Flow-Zustand zu kommen. Wenn man unterfordert ist, kann man sich langweilen. Wenn man überfordert ist, kann man frustriert werden. Wenn man sein Bestes gibt, kommt man am leichtesten in den Flow-Zustand.

überfordert und frustriert //

FLOW sein Bestes geben

unterfordert und gelangweilt //

Wenn die Arbeit Freude macht, bekommt sie Dynamik, das ganze Leben wird lebendiger. Ausführliche Informationen zum Thema Flow finden Sie in dem Buch *Lebe gut!* von *Mihály Csíkszentmihályi.*

Spielerisch bedeutet nicht oberflächlich, schludrig

Etwas spielerisch anzugehen, bedeutet nicht, dass man oberflächlich, schludrig arbeitet, dass man faul rumhängt und erwartet, der Erfolg komme von allein. Manchmal ist es auch nötig, sich in der Früh zum Aufstehen zu zwingen.

Spirituell

Etwas Kreatives zu erschaffen hat eine spirituelle Qualität. Der Musiker *Sonny Rollins* meint: »Improvisation ist die Fähigkeit, etwas Spirituelles zu kreieren. Spielen ist für mich eine Art Trance. Ich agiere in einem anderen Raum, wo die Zeit keine Rolle mehr spielt. Thelonious Monk meinte, dass alles im Leben leichter zu ertragen sei, wenn man sich diese Nische bewahren könne.«

Die Natur selbst ist kreativ, ist schöpferisch. Manche betrachten Gott als die kreative Urkraft. Die Journalistin *Evelyn Finger* meint: »Kreativität kommt natürlich von oben; … es Bereiche unseres Seins gibt, die sich einer rationalen, vernünftigen, rein verstandesmäßigen Beschreibung entziehen. Zu diesen Bereichen gehört die Kreativität.«

Viele Komponisten sagen, die Melodien liegen in der Luft, man müsse sie nur aufnehmen und einfangen. *Keith Richards* von den *Rolling Stones* meint: »Mir ist schon lange bewusst, dass man Songs nicht schreibt, sondern empfängt.« Oft entstehen Erfindungen an verschiedenen Orten gleichzeitig und unabhängig voneinander, sie lagen gleichsam ‚in der Luft'. *Leonardo da Vinci*, *Einstein* und *Mozart* gaben an, dass ihre kreativen Werke nicht von ihnen, sondern durch sie entstanden sind. Der Pianist *Arcadi Volodos* meint: »Rachmaninow, Brahms, Schumann oder Beethoven - ein solcher Komponist ist für mich wie ein Gott. Musik lässt uns in Welten vordringen, die für uns Menschen schlicht unbegreiflich sind.«

Der Tänzer *Nijinsky* meinte, dass es Momente gebe, in denen er selbst verschwinde und nur der Tanz bleibe. Im Buddhismus nennt man Momente, in denen das Ich verschwindet, *Satori*. Wenn der Zustand bleibt, nennt man dies Erleuchtung.

In Indien verneigen sich Musiker vor ihrem Instrument, bevor sie mit dem Spielen beginnen.

Man kann sich der kreativen Energie öffnen, sie durch sich fließen lassen, ein Kanal für diese Energie werden, sich öffnen für die Inspiration.

Wer mit sich im Reinen ist, in seiner Mitte ist, wird erfüllt von einer tiefen Dankbarkeit der Existenz gegenüber. Man ist so übervoll mit dieser Dankbarkeit und Liebe, dass man sich kreativ ausdrücken und die Welt ein bisschen schöner machen will, sei es durch ein Lied, ein Bild, ein Gedicht oder einen Tanz.

Wer ein kreatives, erfülltes Leben führt, braucht nicht mit Erregungen wie ständigen Computerspielen oder Gewaltvideos gegen die innere Langeweile vorzugehen.

Wir können unser Leben reicher, angenehmer, kreativer und spiritueller machen, wenn wir alles, was wir tun, etwas weniger mechanisch erledigen, sondern ein bisschen meditativer, mit Freude, tänzerisch, elegant; egal ob wir abspülen, den Müll rausbringen oder ein Bild malen.

Schwingungen

Unser Leben wird durch Schwingungen geprägt, der Herzschlag, die Atmung, der Wechsel von Tag und Nacht, Ebbe und Flut und den Jahreszeiten. Auch Licht und Töne sind Wellen. Selbst Materie soll letztlich aus Schwingungen bestehen. Es gibt die Theorie, dass jeder Mensch in seinem innersten Kern eine Grundschwingung hat. Kunst kann helfen, in Kontakt zu dieser Grundschwingung zu kommen, zum Beispiel die Bilder von *Renoir* und *Monet* und die Musik von

El Hadra. Die Musik von *Otis Redding, Percy Sledge* und *Ray Charles* empfinde ich als heilend. *Keith Richards* läßt meist eine Saite seiner Gitarre im Grundton mitschwingen, die wiederum eine Saite bei den Zuhörern zum Klingen bringt.

Eine Metapher für Kreativität

Das Bild auf der Vorderseite dieses Buch ist für mich eine Metapher für Kreativität. Was erkennen Sie auf dem Bild? Ich habe während eines Kurses die Tafel mit einem Schwamm abgewischt und plötzlich dieses Bild der Kreide auf dem Schwamm gesehen und fotografiert. Wer hat dieses Bild geschaffen, ich, der Zufall oder eine höhere Macht?

Jemanden als Modell nehmen

Wenn Sie kreativ sein wollen, können Sie einen kreativen Menschen als *Modell* nehmen. Viele Künstler haben ihr Metier gelernt, indem sie bei jemandem abschaut haben, der es gut beherrscht. Handwerker nennen dies *mit den Augen klauen*. Man kann von Könnern eine Scheibe abschneiden. *Buddy Guy* hat bei *B. B. King* und *John Lee Hooker* abgeschaut (abgehört), *Benjamin Clementine* bei *Erik Satie*, *Marla Glen* bei *Nina Simone*, *Joe Cocker* und *Steve Winwood* bei *Ray Charles*.

Übung: Jemanden als Modell nehmen

Um in einen kreativen Zustand zu kommen kann man kreative Menschen als Modell nehmen. Finden Sie eine kreative Tätigkeit, die Sie gerne beherrschen würden. Nehmen Sie zum Üben etwas Einfaches. Ich habe zum Beispiel in dem Dokumentarfilm *Buena Vista Social Club* von *Wim Wenders* die Musiker als Modell für die kreative Zusammenarbeit von völlig verschiedenen Charakteren genommen und *Ry Cooder* als Modell für die zurückhaltende und gleichzeitig effektive Leitung einer kreativen Gruppe.

Finden Sie als Modell eine Person, die das erwünschte Verhalten gut beherrscht. Am besten nehmen Sie als Modell jemanden, der Ihnen sympathisch ist und das gleiche Geschlecht hat wie Sie.

Wenn Sie ein Modell gefunden haben, das das erwünschte Verhalten beherrscht, schauen Sie einen Film an, wie das Modell handelt, während es das Verhalten erfolgreich meistert. Sie können das Modell aus verschiedenen Perspektiven betrachten.

Überlegen Sie, ob Ihnen alles an diesem Film gefällt, ob Sie genauso handeln wollen oder ob Sie irgendetwas an diesem Film verändern wollen, um das Verhalten besser Ihrer Person, Ihren Bedürfnissen und Vorstellungen anzugleichen.

Überlegen Sie, ob das neue erwünschte Verhalten irgendwelche unerwünschte Nebenwirkungen auf Ihr Leben oder auf das Leben Ihres Umfeldes haben könnte. Wenn ja, verändern Sie den Film, bis die Interessen von allen Beteiligten berücksichtigt sind.

Wenn Sie ganz zufrieden sind mit dem Film des neuen Verhaltens, können Sie an Stelle des Gesichtes und des Körpers des Modells Ihr eigenes Gesicht und Ihren eigenen Körper in den Film hineinprojizieren.

Sehen Sie sich nun selbst von außen zu, wie Sie das neue erwünschte Verhalten erfolgreich meistern. Sind Sie zufrieden mit dem Film oder wollen Sie noch weitere Anpassungen vornehmen?

Wenn Sie zufrieden mit diesem Film sind, springen Sie in den Film hinein und erleben Sie ihn von innen, das heißt, sehen, hören und fühlen Sie alles, als ob Sie jetzt das neue erwünschte Verhalten ausführen würden. Sehen Sie von innen, wie Sie in verschiedenen Situationen in der Zukunft das neue Verhalten erfolgreich meistern. Nehmen Sie Situationen aus möglichst vielen Lebensbereichen, wie Arbeit, Familie und Freizeit. Sie können erfrischt ins Hier und Jetzt zurückkommen.

Jemand als Modell zu nehmen bedeutet etwas anderes, als jemanden als Vorbild zu nehmen. Ein Vorbild wird oft auf ein Podest gestellt, man fühlt sich ihm unterlegen. Ein Modell ist neutraler als ein Vorbild. Als Modell kann man im Prinzip alles nehmen. Man kann auch von Tieren oder Pflanzen lernen. Flugzeugbauer können Vögel als Modell nehmen.

Sie können auch mehrere Personen gleichzeitig für ein Verhalten als Modell nehmen und aus deren Vorgehensweise einen Film des erwünschten Verhaltens zusammenstellen. Ideal ist es hier, drei Personen als Modell zu nehmen.

Spiegelneuronen

Ich erkläre, was das Lernen von einem Modell so wirksam macht. Forscher haben herausgefunden: Wenn ich mich bewege, wird in meinem Gehirn ein bestimmtes Nervenmuster aktiviert. Dieses Nervenmuster wird nicht nur bei mir aktiviert, sondern bei allen Menschen, die mir bei der Bewegung zuschauen, auch in einem Video. Die Nervenmuster, die dabei entstehen, nennt man *Spiegelneuronen*. Wenn Sie einem kreativen Menschen bei seiner Tätigkeit zusehen, machen Sie gleichzeitig in Ihrem Gehirn die Tätigkeit mit.

In eine Rolle schlüpfen

Um in einen kreativen Zustand zu kommen, kann man in eine andere Rolle schlüpfen. Die *Beatles* nutzten dies bei ihrem Album *Sgt. Pepper's Lonely Hearts Club Band*. Der junge *David Bowie* überwand sein Lampenfieber auf der Bühne, indem er in eine andere Rolle schlüpfte. Er erfand sich und seine Musik immer wieder neu, indem er in neue Rollen schlüpfte.

Charlie Chaplin meinte über seine Rolle als Tramp, der Typ, den er darstelle, sei selbst ihm nicht vertraut. Aber sobald er das Kostüm trüge, fühle er, dass er Wirklichkeit wäre, ein lebendiger Mensch. Er sei sehr vielseitig, er sei ein Tramp, ein Gentleman, ein Dichter, ein Träumer und ein einsamer Bursche.

Schauspieler wie *Robert De Niro* gehen völlig in der Rolle auf, die sie verkörpern. Und sie bringen etwas von sich selbst in die Rolle. *Johnny Depp* nahm für die Rolle des Piraten *Jack Sparrow* seinen Freund *Keith Richards* als Modell. Und er fügte diesem Modell einen Farbtupfer seiner eigenen Person hinzu.

Die Gefahr ist, sich selbst zu verlieren, wenn man in eine Rolle schlüpft. Um dies zu verhindern, kann man das Leben als Künstler und das als Privatperson trennen und darauf achten, im innersten Kern seine eigene Persönlichkeit zu behalten. Es ist günstig, zu wissen, wie man in die Rolle schlüpfen und wie man zurückkommen kann. Es kann helfen, in der Rolle ein Kostüm zu tragen.

Marianne Faithfull meint: »Eines der ersten Dinge, die man beim Schaupielen lernt, ist den Druck gemeinsam zu ertragen, so daß die negative Energie sich gleichmäßig verteilt. Das bewahrt den Schauspieler, der den Bösen verkörpert, davor, hinuntergezogen zu werden.«

Schlechte Schauspieler übertreiben oft ihr Spiel im verbalen und nonverbalen Bereich. Hier gilt: Weniger ist mehr. *Marlon Brando* spielt einen Mafiaboss nicht als bluttriefendes Monster, sondern als einen Mann, der sich seiner immensen Macht bewußt ist und sie mit kleinsten Gesten durchsetzt.

Um in einen kreativen Zustand zu kommen, kann man in Kontakt zu seinem inneren Kind kommen, sich daran erinnern, wie man als Kind spielerisch, neugierig und offen in die Welt ging. *Pablo Picasso* meinte: »Ich habe ein Leben lang gebraucht, um jung zu werden.«

Einen Lehrer finden

Ein guter Lehrer ist Gold wert. Es lohnt, sich Zeit für die Suche nach einem guten Lehrer der Kreativität zu nehmen. Ein guter Lehrer kennt und liebt sein Gebiet und kann andere für sein Gebiet begeistern. Ein guter Lehrer nimmt sich selbst zurück, er lässt seine Schüler möglichst viel selbst entdecken. Gute Lehrer loben ihre Schüler weniger für ihr Talent, sondern für ihren Einsatz. Damit werden die Schüler stärker motiviert.

Einen Mentor finden

Noch wichtiger als ein Lehrer ist ein Mentor. Ein Mentor ist mehr als ein Lehrer. Ein Mentor unterstützt die Entwicklung seines Schützlings durch neue Kontakte, Empfehlung von Büchern und Kursen, durch Übertragung von Aufgaben und Verantwortung, die für den Schützling gerade noch erreichbar und eine Herausforderung sind.

Ein Beispiel erzählt *Keith Richards* von den *Rolling Stones*. Sein Großvater war auch Musiker. Wenn der kleine Keith seinen Großvater besuchte, war er immer tief beeindruckt von einer wunderschönen Gitarre, die auf dem Klavier lag. Irgendwann war er groß genug, die Gitarre zu erreichen und fragte seinen Großvater, ob er die Gitarre in die Hand nehmen dürfe. Der Großvater zögerte erst und erlaubte es ihm schließlich. Jahrzehnte später, Keith war schon ein weltberühmter Gitarrist und sein Großvater schon gestorben, besuchte Keith seine Großmutter und fragte, was aus der Gitarre geworden sei, die immer auf dem Klavier lag. Die Großmutter lächelte und sagte: »Ach was, die hat der Großvater nur aus dem Schrank geholt, wenn es hieß, dass du kommst«.

Das ist genial. Der Großvater hatte das Gefühl, dass Gitarre ein Instrument für seinen Enkel sein könnte. Und er wusste, dass sein Enkel ein revolutionärer Geist ist. Wenn er dem rät, Gitarre zu spielen, macht er das nie. Wie kann er seinen Enkel dazu verführen, eine Gitarre in die Hand zu nehmen?

Ein weiteres Beispiel. Ich hatte am Gymnasium eine gute Kunstlehrerin. Einmal arbeiteten wir mit Ton. Ich arbeitete an der Büste eines Klassenkameraden, eines engelhaften Jungen mit langen blonden Haaren. Mein Klassenkamerad saß vor seinem Batzen Ton und wusste nicht, was er machen soll. Die Lehrerin sagte ihm: »Mach doch ein Nilpferd!« Der Schüler antwortete, er wisse nicht, wie ein Nilpferd aussieht. Die Lehrerin meinte nur, »fang einfach an!« Der Schüler nahm ein Stück Ton in seine Hände und mit einem Griff war der Kopf des Nilpferds fertig. Ich staunte nur so. In kürzester Zeit erstellte der Schüler ein großes, fettes, triefendes Nilpferd. Die Lehrerin hat gespürt, dass dem engelhaften Schüler als Gegenpol der grobe Körper eines Nilpferds guttun würde.

Bei *YouTube* kann man sehen, wie der schwarze Bluesmusiker *Buddy Guy* den achtjährigen weißen Gitarristen *Quinn Sullivan* unter seine Fittiche nimmt. *Buddy Guy* strahlt vor Freude, dieses Talent entdeckt zu haben.

Katalysator
Ein Katalysator ist ein Stoff, der Reaktionen von anderen Stoffen erleichtert, ohne selbst in den Prozess einzugreifen. Auch Menschen und Orte können Katalysatoren sein. Es gibt in Therapie- und Kreativgruppen Leiter, die nur da sind, nichts tun und den Eindruck vermitteln, dass sie jederzeit unterstützend eingreifen, wenn es nötig sein sollte. Selbst wenn es nie dazu kommt, dass sie eingreifen, sind solche Gruppenleiter äußerst wertvoll.

Eine Pause machen, spazieren gehen
Ich habe schon erwähnt, dass es für kreative Tätigkeit günstig ist, sich eine Pause zu gönnen. Wenn wir uns bewegen, in der Natur wandern oder spazieren gehen, joggen, Fahrrad fahren, schwimmen oder tanzen, geht unser Geist auf Wanderschaft und wir bekommen neue Ideen. Gedankenverlorenes Spazierengehen wirkt inspirierend. Eine Studie der Uni Leiden in Holland zeigte, dass Bewegung, auch im Haus, schöpferisches Denken fördert.

Sich ablenken
Jonathan Smallwood und *Jonathan W. Schooler* fanden heraus, dass Zerstreutheit, das Abdriften der Gedanken, die geistige Leistungsfähigkeit steigert. Konzentriert durchzuarbeiten ist weniger produktiv.

Günstig ist, sich Auszeiten für Tagträume oder einen Kurzschlaf von 10 Minuten zu nehmen.

Einen Raum schaffen für Kreativität
Um in einen kreativen Zustand zu kommen, kann man äußerlich und innerlich einen Raum schaffen für Kreativität.

Einen Raum für Kreativität schaffen in der Außenwelt
Man kann in der Außenwelt einen Raum schaffen für Kreativität, indem man einen Raum oder eine Ecke in einem Zimmer für kreative Tätigkeiten freihält. Irgendwann werden der Platz und die Tätigkeit miteinander verschweißt; das heißt, wenn ich mich an den kreativen Ort begebe, komme ich in einen kreativen Zustand, der Ort wird zum Anker für Kreativität. Man kann auch bestimmte Zeiten für kreative Tätigkeiten freihalten.

An dem kreativen Ort kann man Werkzeuge und Materialien, die man für die kreative Tätigkeit braucht wie Papier, Farbe und Pinsel bereitstellen. Günstig ist, immer Stift und Block zum Notieren von Ideen zur Hand zu haben.

Viele kommen leichter in einen kreativen Zustand, wenn ihr kreativer Ort hell, leer und aufgeräumt ist und so Platz für kreative Ideen bietet. Der Komponist *Erik Satie* hatte in seinem Zimmer nur einen Tisch und ein Bett. Er sagte: »Ich habe viele Ideen unterzubringen.« Es gibt auch Menschen, die in einem kreativen Chaos, in einem mit Gegenständen vollgestopften Raum, kreativ werden. Es gibt Schriftsteller, die im Trubel eines Kaffeehauses am besten abschalten und schreiben können.

Die Farbe des Raumes, in dem wir uns befinden, beeinflusst unsere Stimmung und unsere Kreativität. Die Farbe Blau erinnert uns an das Meer, den Himmel und den Urlaub, sie beruhigt und entspannt. Blau steigert unsere Kreativität. Die Farbe Rot schärft die Aufmerksamkeit, sie hilft, wenn Präzision verlangt wird. Bei kreativer Tätigkeit schadet sie.

Steve Jobs, der Gründer von *Apple*, gestaltete Firmengebäude so, dass sie die Kreativität der Mitarbeiter anregten. Die Mitarbeiter begegneten sich oft in einem zentralen großen Atrium, in dem sich auch die Toiletten befanden, bei zufälligen, zwanglosen Treffen. Ein Atrium ist ein heller, zentraler Raum, der nach oben hin offen ist, eventuell über mehrere Stockwerke hinweg, wie in Shopping Malls. Gebäude mit großen Fensterflächen erweitern unser Blickfeld und damit unser Bewusstsein. Wenn man Kollegen sehen kann, ermutigt dies dazu, sie zu besuchen. Die Kunst besteht darin, die Balance zwischen der Bewahrung der Privatsphäre und der Offenheit zu finden.

Günstig für kreative Zusammenarbeit ist, wenn Mitarbeiter auf *einer* Etage arbeiten. Wenn Wissenschaftler in *einem* Gebäude arbeiten, steigt die Wahrscheinlichkeit einer Zusammenarbeit um 33 %, wenn sie sich auf derselben Etage befinden, um 57 %. Dies hängt vermutlich damit zusammen, dass Menschen ursprünglich in Savannen auf *einer* Ebene mit ihren Stammesmitgliedern lebten. Günstig sind gemeinsame Wege, die Kollegen regelmäßig gehen müssen. Verlängern sich die gemeinsamen Wege um 30 Meter, steigt die Zusammenarbeit um rund 20%. Man kann Orte schaffen, in denen sich die Mitarbeiter zwanglos treffen, eine Kaffeeküche, eine Kantine, eine Bibliothek, eine gemütliche Couchecke, ein Raum mit einer Tischtennisplatte, eine Dachterrasse.

In der Geschichte der Menschheit gab es immer wieder Zeiten und Orte, die kreative Menschen angezogen und hervorgebracht haben, etwa das antike Athen, Florenz im 15. Jahrhundert und Paris Anfang des 20. Jahrhunderts.

Innerlich einen Raum schaffen für Kreativität

Man kann nicht nur im Außen, sondern auch innerlich einen Raum für Kreativität schaffen, zum Beispiel, indem man sich entspannt und sich öffnet für neue Ideen.

Schockieren

Um seine Kreativität anzuregen, kann man die Routinen des Alltags durch eine ‚Schocktherapie' aufbrechen, indem man die Welt aus einem anderen Blickwinkel betrachtet. Die Routinen des Alltags betäuben unser Gehirn. Um die Welt neu und unvoreingenommen wie ein Kind wahrzunehmen, kann man sich in Situationen begeben, in denen das Gehirn geschockt wird, in denen alte Regeln nicht mehr gültig sind. Um kreativer zu werden, kann man sein Gehirn mit Ungewöhnlichem konfrontieren. Wenn man etwas erlebt, das nicht den bekannten Denkweisen entspricht, wird das Gehirn trainiert, neue Perspektiven einzunehmen. Die Geschichten von *Franz Kafka* regen die Kreativität an. Kafkas Geschichten beginnen mit alltäglichen, vertrauten Situationen. Umso mehr wird das Gehirn geschockt, wenn in diese Alltagssituation plötzlich etwas Unerwartetes hereinbricht. Die üblichen Erklärungsmuster funktionieren nicht mehr und das Gehirn muss neue Muster suchen, neue Perspektiven einnehmen. Auch Witze können die gewohnten Denkstrukturen aufbrechen. Dadurch lernt man, die Welt neu wahrzunehmen.

Ein langer Aufenthalt im Ausland kann unsere Denkroutinen aufbrechen und die Kreativität trainieren. Am besten ist, wenn man im Ausland arbeitet oder studiert und zusammen mit den Menschen dort lebt. Dadurch wird das Gehirn trainiert, die Welt mit anderen Augen wahrzunehmen. Auch wenn man eine Fremdsprache lernt, lernt man eine neue Sicht der Welt kennen. Es ist günstig, sich nicht nur mit Menschen zu umgeben, die einen ständig bestätigen, sondern auch mit Menschen, die einem widersprechen.

Tagträume nutzen

Es gibt Zustände wie Meditation, Trance, Träume und Tagträume, in denen wir leichter Zugang zu unserer Kreativität bekommen.

Um Zugang zu seiner Kreativität zu bekommen, kann man Tagträume nutzen. *Joanne K. Rowling* bekam die Idee für *Harry Potter* während einer Zugfahrt, als sie gedankenverloren aus dem Fenster schaute.

Wenn unser Gehirn nicht mit der Erledigung bestimmter Aufgaben beschäftigt ist, bleibt es nicht untätig. Es werden andere Hirnregionen aktiv, das sogenannte *Default Mode Network*, das *Standardmodus Netzwerk*. Es kommt in

Schwung, wenn wir uns von der Außenwelt abwenden. Die Aufmerksamkeit richtet sich nach innen, wir lassen unseren Gedanken freien Lauf, das schöpferische Denken wird gefördert. Die Forscher *Benjamin Baird* und *Jonathan Schooler* wiesen nach, dass Situationen, die uns zum Tagträumen verführen, das kreative Denken anregen. Dieses Netzwerk arbeitet übrigens bei Stille besser.

Wenn man bei der Lösung eines Problems nicht weiterkommt, kann man sein Unbewusstes bitten, weiter an dem Thema zu arbeiten; man kann sich innerlich auf die Lösung des Problems einstellen und eine Pause machen, spazieren gehen oder sich ablenken. Gut sind auch Routinearbeiten wie Abspülen, die wenig Aufmerksamkeit des bewussten Verstandes erfordern und dem freien Fließen der Gedanken Raum lassen. Das Unbewusste beschäftigt sich dann weiter mit dem Thema. Abschweifende Gedanken sind Teil des kreativen Prozesses. Künstler und Forscher, die an einer schwierigen Aufgabe tüfteln, kommen oft erst weiter, wenn sie vom Problem ablassen. Dann entstehen die innovativen Ideen. Dieses Wechselspiel von Konzentration und Abschweifen heißt »Flip-Flop-Denken«.

Träume

Über unsere Träume können wir Zugang zur Intuition und zu unserer Kreativität finden. Man kann zur Lösung eines Problems das Unbewusste vor dem Einschlafen bitten, zu dem Thema einen Traum zu schicken. Man kann Zettel und Bleistift neben das Bett legen, um den Traum zu notieren. Man kann sein Unbewusstes bitten, dass man direkt nach dem Traum aufwacht oder sich am Morgen an den Traum erinnert.

Meditation

Man kann einen Raum für Kreativität schaffen, indem man sich innerlich für Kreativität öffnet. Ein entspannter, neugieriger, zuversichtlicher Zustand ist dafür günstig. Ich erzähle dazu eine Geschichte: Ein Mann kam zu einem Zen-Meister und sagte, er wolle alles über Meditation erfahren. Der Zen-Meister sagte, trinke erst einmal eine Tasse Tee. Der Zen Meister goss noch weiter Tee in die Tasse, als sie schon überlief. Der Mann rief: Halt, siehst du nicht, dass die Tasse überläuft? Der Zen-Meister sagte: »Ja, genauso übervoll mit Informationen ist dein Kopf!« Wenn der Kopf voll mit Gedanken ist, bleibt für Kreativität wenig Raum. Um einen klaren Kopf zu bekommen, kann man meditieren. Ich bevorzuge aktive Meditationen wie die *5 Rhythmen*^{TM} (siehe Kapitel 6).

Paradoxe Interventionen

Wenn jemand feststeckt, kann eine *paradoxe Intervention* helfen. Eine *paradoxe Intervention* ist eine Aufgabe, die der andere, egal wie er reagiert, schaffen muss. Ein Beispiel: Jemand meint, er scheitere immer. Hier kann man sagen: Ich habe eine schwierige Aufgabe für dich, mache etwas, was du noch nie gemacht hast, und scheitere dabei total!

9. Kreativität mit anderen, in Gruppen

Kreative Gruppen gibt es besonders in der Musik, aber auch in anderen Bereichen, zum Beispiel beim Film. Eine gute Gruppe ist stärker als die Summe der Fähigkeiten der einzelnen Mitglieder, die Stärken multiplizieren sich, es ergeben sich so genannte *Synergieeffekte*.

Wie findet man geeignete Mitglieder für eine kreative Gruppe? Folgende Qualitäten der einzelnen Mitglieder sind günstig: sie sind kompetent, sympathisch, sie können und wollen mitarbeiten, sie wollen die Initiative ergreifen, sie haben Ausdauer, sie sind teamfähig, lernfähig, ziel- und lösungsorientiert; man kann gut mit ihnen auskommen; die Chemie stimmt, die Mitglieder sind nicht zu gleich und nicht zu verschieden; ihre Fähigkeiten und Neigungen ergänzen sich. Oft es gut, wenn die Qualitäten eines Träumers, eines Realisten und eines Kritikers vertreten sind (siehe Kapitel 12 über die Disney Strategie).

Der Musiker *Miles Davis* meinte, er habe die Fähigkeit, bestimmte Jungs zu finden und damit 'ne chemische Reaktion in Gang zu setzen, die sich von selbst weiterträgt; sie spielen zu lassen, was sie können, und darüber hinaus.

Gute Teams achten die einzelnen Mitglieder *und* das Team, sie geben beiden Raum. Günstig sind gemeinsame Werte und Ziele, eine gemeinsame Vision, *eine* Team-Identität. In einer lebendigen und kreativen Gruppe herrscht ein Klima des Vertrauens, der Neugier, freundschaftlich, engagiert und spielerisch; Fehler werden erlaubt. Keiner wird ausgegrenzt oder ausgestoßen, auch abweichende Denkstile, Werte usw. werden akzeptiert. Es gibt keine Schuldzuweisung und endlose Diskussionen darüber, wer recht hat.

Probleme, die sich in Teams ergeben können

Keiner übernimmt die Verantwortung.

‚Negative' Emotionen wie Ängste, Aggressionen können sich hochschaukeln.

Wie in manchen Sekten entsteht eine eingeschränkte Sicht der Welt mit starren Regeln.

Entscheidungen werden auf die lange Bank geschoben.

Diskussionen, Rechthaberei und Machtkämpfe, die die Arbeit blockieren.

Konflikte werden unter den Teppich gekehrt und schwelen dort weiter.

Einzelne Mitglieder werden unterdrückt, ausgegrenzt oder ausgestoßen (Sündenböcke).

Einzelne Mitglieder schwimmen passiv mit und hemmen die Gruppenenergie.

Eine Person oder eine Teilgruppe dominiert die Gruppe und schwächt damit die anderen.

In einem schlechten Team ist das Team nur so stark wie das schwächste Glied. Wenn ein Team zusammen auf einen Berg steigen will, ist das Team nur so schnell, wie der Langsamste.

Vorteile von Teams

Die Fähigkeiten, das Wissen, die Ideen und Neigungen der Teammitglieder ergänzen und verstärken sich gegenseitig.

Möglichkeit, durch Rückmeldungen zu lernen.

Die Mitglieder können sich gegenseitig motivieren durch Wettstreit usw.

Gefühl der Sicherheit und der Geborgenheit in der Gruppe, Spaß.

Metapher Uhrwerk: Nur wenn alle Teile zusammenwirken, funktioniert eine Uhr.

Beispiele für kreative Gruppen

Ringo Starr von den *Beatles* meint: »Das Erstaunliche an den Beatles war ihr Zusammenspiel, als hätten sie telepathische Kräfte besessen. Wir harmonierten immer zusammen, das war Magie und eine der Stärken der Beatles. Der magische Moment, wenn eine Band eins wird und alles stimmt, lässt sich mit nichts vergleichen.«

Keith Richards erzählt, dass er beim Improvisieren mit den *Rolling Stones* in einen Zustand kommt, den er nur da erlebt: Er weiß in jedem Moment, was alle anderen im nächsten Moment spielen werden. Die Rolling Stones sind für mich ein Beispiel dafür, wie eine Gruppe über lange Zeit kreativ bleiben kann. Ihre gemeinsame Basis ist die Liebe zum Blues. Gleichzeitig sind sie offen für neue Einflüsse. Die Hassliebe zwischen der Diva *Mick Jagger* und dem Piraten *Keith Richards* bringt die Energie, die den Karren am Laufen hält. Der stoische *Charlie Watts* ist der Ruhepol, der den Kahn vorm Kentern bewahrt. Und *Ron Wood* bringt mit dem Charme eines verspielten Welpen frisches Blut in die Gang der älteren Herrn. Die Journalistin *Edna Gundersen* bezeichnet die Musik der *Rolling Stones* als *‚harmonische Disharmonie'*.

Der Drummer *Christoph Schneider* von *Rammstein* sagt: »Wenn Rammstein einfach zu sechst zusammen sind, entsteht so eine Art Tier, was wie eine Glocke über den Einzelnen hängt. Also, es braucht nur einer nicht dabei zu sein, dann ist dieses Tier weg. Und - ich kann dir nicht erklären, wo die herkommt, das ist die Rammstein-Energie.«

Der Film *Buenavista Social Club* von *Wim Wenders* zeigt, wie völlig verschiedene Menschen kreativ zusammenarbeiten.

Der US Forscher *Alex Pentland* fand heraus, dass nicht die Schlauesten die besten Ideen haben, sondern diejenigen, die Vorstellungen anderer Menschen am besten umsetzen können. Nicht die Entschlossensten treiben Änderungen voran, sondern diejenigen, die am besten im Team mit Gleichgesinnten arbeiteten. Und nicht Wohlstand oder Ansehen motivieren am besten, sondern der Respekt der Mitmenschen. Es ist günstig, wenn die Teams möglichst gleichwertig besetzt sind. Sie funktionieren besser als Gruppen mit herausragenden Stars. Denn diese drängen oft andere Mitglieder an den Rand. »Es kommt also nicht auf die Persönlichkeit der einzelnen an. Viel wichtiger ist, dass alle Mitarbeiter an den Entscheidungen beteiligt werden.« Ist der Führer der Gruppe ein Narziss, sinkt die Kreativität der Gruppe dramatisch. Narzissten bekamen als Kind zwei Botschaften: So wie du bist, bist du nicht gut genug. Ein normales Kind zu sein, das gerne spielt, reicht nicht. Und: Du bist ein Geschenk an die Menschheit. Diese Kinder glauben, sie seien etwas Besseres. Sie verlangen ständig Bewunderung, halten sich nicht an Regeln und schließen keine Kompromisse. Wenn sie auf Widerstand stoßen, drohen sie oder üben Gewalt aus (nach Professor Joachim Bauer).

10. Das Publikum, der Markt

Kreative Menschen sind abhängig vom Markt und vom Publikum, sie sind Teil eines größeren Systems. Nachdem man einen Film oder ein Buch fertiggestellt hat, geht es um die Vermarktung des Werkes, es geht darum, einen Verleih oder Verlag zu finden, Werbung für das neue Produkt zu machen usw.

Es gab Künstler wie *Charlie Chaplin* und *Ray Charles*, die erfolgreich bei der Vermarktung ihrer Werke waren und Künstler wie *van Gogh* und *Franz Kafka*, die weniger Erfolg bei der Vermarktung ihrer Werke hatten. Der wirtschaftliche Erfolg eines Werkes sagt wenig aus über die Qualität eines Werks.

Besonders wichtig ist der Kontakt zum Publikum für Künstler, die live auftreten. Bei Konzerten der *Rolling Stones* kann man beobachten, wie sie und das Publikum sich gegenseitig anfeuern. *Keith Richards* meint: »Zwischen den Leuten draußen und uns gibt es etwas, das eine Saite zum Klingen bringt.«

In der DDR gab es eine besondere Beziehung zwischen Künstlern und ihrem Publikum, weil die Künstler immer die Grenzen, welche die Zensur gerade noch zuließ, ausloteten und nach Andeutungen suchten, die das sensible Publikum verstand, aber die etwas plumpen Zensoren nicht.

Der Pianist *Arcadi Volodos* meint: »Was mich interessiert, ist die Reaktion der Zuhörer während des Konzerts. Diese elektrische Spannung, während ich spiele - das motiviert mich viel mehr als der Applaus am Ende. Man hört diese außergewöhnliche Stille. In so einem Moment spüre ich: Die Zuhörer sind eins mit mir.«

Auf Youtube gibt es ein Video, bei dem man die magische Beziehung eines Künstlers zu seinem Publikum erleben kann, als *Paul McCartney* für den Fernsehmoderator *David Frost* seinen Song *My Valentine* spielt. David Frost öffnet sich der Musik so sehr, dass er ganz verletzlich wird.

Noch eine Geschichte zur Ehrung der vielen Unterstützer der Kunst: Ein New Yorker Schneider fragte jahrelang jeden Kunden nach seinem Beruf, bis ihm ein Kunde antwortete, er sei Schriftsteller. Der Schneider sagte, er habe eine Geschichte für ihn. Es war die Geschichte von *Schindlers Liste*.

11. Spannungsfelder nutzen

Kreativität entsteht oft in einem Spannungsfeld gegensätzlicher Energien. So hält die Spannung zwischen männlicher und weiblicher Energie Partnerschaften lebendig. Problematisch werden die Spannungen, wenn sie sich gegenseitig blockieren. Was man da machen kann, habe ich in Kapitel 7 beim Thema *Blockaden* behandelt.

Mihály Csíkszentmihályi wies nach, dass bei Kreativen scheinbar gegensätzliche Merkmale zusammenkommen. Sie sind zum Beispiel diszipliniert *und* spielerisch.

John Lennon meinte: »Von unseren frühesten Tagen in Liverpool an hatten wir einen unterschiedlichen musikalischen Geschmack. Das hat vielleicht zu Streitereien geführt, aber ich bin sicher, dass dieser Unterschied musikalisch sehr viel Gutes gebracht hat.«

Es ist günstig, beide Seiten der Gegensätze annehmen zu können, von einer Seite zur anderen wechseln zu können, die Gemeinsamkeit der Gegensätze zu erkennen und zu akzeptieren. Tag und Nacht erscheinen sind scheinbar Gegensätze, auf einer tieferen Ebene gehören sie zusammen und ergänzen sich.

Zerstören und aufbauen

Auch wenn es widersinnig erscheint, zerstören gehört zur Kreativität. Wenn Sie ein Bild malen, zerstören Sie das weiße Blatt. Wenn *Michelangelo* eine Statue aus einem Stein meißelt, zerstört er den Marmorblock.

Jede Kunst baut auf alten Traditionen auf und lässt sie gleichzeitig hinter sich. Wie sang *Chuck Berry* so treffend: *Roll over Beethoven! Keith Richards* sagt über *Chuck Berry:* «Chuck hatte seine Sachen von T-Bone Walker gelernt, ich lernte sie von Chuck, Muddy Waters, Elmore James und B.B. King. Wir alle sind Teil einer Familie, die es schon seit Tausenden von Jahren gibt. Wir geben den Stab immer nur weiter.”

Die riesigen Zerstörungen auf der Erde durch den Einschlag eines Meteoriten, die zur Auslöschung der Dinosauriere führte, war *die* Chance für den Siegeszug der Säugetiere und später der Menschen. Der Ökonom *Joseph Schumpeter* betrachtete die »schöpferische Zerstörung« als Triebkraft einer positiven wirtschaftlichen Entwicklung.

Es folgt eine Übung, bei der man den Zusammenhang zwischen Zerstören und Aufbauen erleben kann:

Übung: Bild malen im Kreis

Die Gruppe sitzt um einen Tisch. Jeder hat ein Blatt Papier vor sich und malt mit Ölkreide eine Minute etwas auf das Blatt. Dann reicht jeder sein Bild nach links zu seinem Nachbarn und malt weiter an dem Bild, das nun vor ihm liegt. Es wird weiter gewechselt, bis jeder wieder sein ursprüngliches Bild zurückbekommt.

Variante: Das bisher Gemalte *muss* übermalt werden.

Zielgerichtet und sich treiben lassen

Es gibt zwei unterschiedliche Herangehensweisen bei der Schaffung eines Werks. Die einen haben von Beginn an eine klare Vorstellung von dem entstehenden Werk und setzen dann die Vorstellung um. Andere beginnen irgendwo und lassen sich treiben, folgen der ‚Energie', sie wissen am Anfang selbst nicht, wohin die Reise geht. Zwischen diesen beiden Wegen gibt es viele Zwischenwege.

Regeln befolgen und Freiheit

Ohne Regeln, an die sich alle Beteiligten halten, sind Spiele wie Schach oder Fußball nicht möglich. Regeln ermöglichen das Spiel und geben Sicherheit. Gleichzeitig halten viele an Regeln fest, die einmal sinnvoll waren, inzwischen aber nicht mehr. Die Regel, dass jeder Kutscher eine Prüfung über den Umgang mit Pferden ablegen muss, für Autolenker beizubehalten, ist nicht sinnvoll.

Wenn man eine neue Technik lernt, ist es günstig, erst die Regeln zu lernen und sich an die Regeln zu halten. Wenn man die Regeln beherrscht, kann man die Regeln vergessen und sie, wenn nötig und möglich, übertreten. Im *Zen* heißt es, wenn du zeichnen lernen willst, lerne es 12 Jahre lang intensiv. Dann mache 12 Jahre lang etwas anderes. Und plötzlich kannst du zeichnen.

Sich anstrengen und loslassen

Die entscheidende kreative Eingebung kommt oft, wenn man nach einer Phase des angestrengten Suchens und Arbeitens frustriert aufgibt und sich entspannt. *John Lennon* schrieb: »Ich hatte mich Tage abgemüht und versucht, einen klugen Text zu schreiben. Dann gab ich's auf, und *In My Life* fiel mir ein.«

Beatrix Gurian schreibt: »Ich erlebe Inspiration nur nach Phasen unermüdlicher Arbeit. Wie aus dem Nichts scheint dann der zündende Einfall auf.« Buddha soll ähnlich zur Erleuchtung gefunden haben. Nachdem er sich jahrelang mit aller Kraft bemüht hatte, gab er irgendwann auf, legt sich zum Schlafen unter einen Baum und am nächsten Morgen wurde er erleuchtet. Beides ist notwendig, die Anstrengung und das Loslassen.

Schön und hässlich

In den Musikvideos des Gesamtkunstwerks *Marilyn Manson* kann man die Ästhetik, die Schönheit des Hässlichen erleben. Wenn etwas nur schön ist, wird es leicht süßlich, schal und langweilig. Der Pianist *Igor Levit* sagt: »Musik ist ein lebendiges Wesen und keine Dekoration. Wenn Kunst Dekor wird, ist sie tot.«

Stille und Klang

Der Pianist *Arcadi Volodos* sagte über den spanischen Komponisten und Pianisten *Federic Mompou*: »Sein Ziel war es, die Grenze zwischen Stille und Klang aufzuheben.« Ich denke, der fließende Übergang von Ton zu Stille macht tibetische Klangschalen so anziehend. *Claude Debussy* sagte: »Musik ist die Stille zwischen den Noten.«

Verstand und Gefühl bzw. Intuition

Der liebe Gott hat uns den Verstand *und* die Gefühle, die Intuition gegeben. Man kann für kreative Tätigkeiten beides nutzen. Der Dirigent und Pianist *Daniel Barenboim* meint: ‚Ich habe Harmonielehre und Komposition bei der berühmten Nadia Boulanger in Paris studiert. Und die sagte den schönen Satz: »Du musst die Struktur der Musik mit Emotionen füllen und die Emotionen analysieren.« Man muss über Gefühle denken und über das Denken fühlen'.

Sauber und schmutzig

Ich habe gehört, dass die *Les Humphries Singers* am Ende einer Plattenaufnahme das Stück extra schmutzig machten, durch Rufen, Stampfen, Geschrei, Pfeifen usw.

Keith Richards nahm den Song *Jumpin' Jack Flash* mit einer akustischen Gitarre auf und verzerrte den Sound, indem er ihn durch einen primitiven Kassettenrecorder jagte.

Technik und Herz

Der Pianist *Arcadi Volodos* meint: »die Technik ist absolut nicht wichtig. Es gab Pianisten, die herausragend waren, obwohl sie falsche Noten spielten - zum Beispiel Alfred Cortot. Er ist mir lieber als jeder moderne, glatt gefeilte Virtuose.

Für mich steht die spirituelle Arbeit im Zentrum. Dieser Gedanke Rachmaninows scheint mir sehr tiefgründig: Technologien töten das Herz.«

Der Musiker *Don Was* sagt über *Keith Richards*: »Keith ist der beste Gitarrist, den ich kenne. Er versucht nicht, die Leute mit Technik zu blenden. Er weiß, dass etwas, was in echtem Gefühl wurzelt, letztendlich wertvoller ist und mehr Bedeutung hat, als wenn man die Zuhörer mit Effekten überwältigt.«

Perfektion und Lockerheit

Der Gitarrist *Dean Parks* bezeichnet den Produktionsstil von *Steely Dan* als »one step beyond perfection« (einen Schritt über die Perfektion hinaus). Sie arrangieren einen Titel bis zur absoluten Perfektion, um ihn nochmal ganz von vorne einzuspielen, damit er etwas lockerer wird (to loosen it up a little bit).

Einfach und komplex

Es gibt Songs, die einfach gestrickt sind, wie die Songs von *Bryan Adams*. Und es gibt Songs, die eine komplexe Struktur besitzen, wie die Songs von *J.J. Cale*. Dass ein Song einfach ist, bedeutet nicht, dass er weniger Qualität besitzt. Ich liebe die Musik von *Bryan Adams* und die von *J.J. Cale*.

Das große Ganze *und* kleine Details im Blick haben

Große Künstler achten auf das große Ganze *und* kleine Details. In dem Roman *die Brüder Karamasow* von *Dostojewski* gibt es eine kleine Nebenfigur, einen Schüler, der oft bis über beide Ohren rot wird. Am Ende des Romans läßt ihn *Dostojewski* noch einmal kurz auftreten. Ich liebe *Dostojewski* auch wegen diesen Details.

Leidenschaft und Disziplin

Daniel Barenboim meint: »Leidenschaft und Disziplin. Diese Gegensätze bestehen in der Musik nebeneinander. Man kann nicht nur mit einem von beiden leben. Der letzte Satz der 'Appassionata', das ist so leidenschaftliche Musik, aber ohne Disziplin kann man das nicht spielen. Und nur mit Disziplin wird es langweilig.«

Struktur und Freiheit

Ich habe einmal in meiner Referendarzeit als Lehrer etwas ausprobiert. Ich habe eine Unterrichtsstunde nicht vorbereitet und wollte den Unterricht improvisieren, wie ich es vom Theaterspielen gewohnt war. Das führte zum schlechtesten

Unterricht meines Lebens. Schon nach kurzer Zeit fiel mir nichts mehr ein und ich war gezwungen, strikt dem Lehrbuch zu folgen. Wenn ich heute ein Seminar vorbereite, arbeite ich eine Struktur heraus, die dem Unterricht Halt und Richtung gibt. Diese Struktur gibt mir die Freiheit, zwischendurch zu improvisieren, vom Weg abzuweichen, weil ich weiß, wie ich auf den vorbereiteten Weg zurückkehren kann. Gleichzeitig bereite ich einen Vortrag nicht zu gut vor, damit er lebendig bleibt. Struktur und Freiheit ergänzen sich.

Leicht und sich anstrengen

Ich habe den Eindruck, dass der Sänger *Joe Cocker* bei jedem Ton sein Letztes gibt, dass er lieber sterben würde, als Routine abzuliefern. Bei *Ray Charles* habe ich den Eindruck, dass ihm alles leichtfällt, dass er immer im Flow-Zustand ist. Ich habe vor beiden Künstlern großen Respekt.

Perfekt und roh, ungehobelt

Nach der perfekten und für mich steril klingenden Musik von Gruppen wie *Barclay James Harvest* empfand ich die rohe, brutale Kraft des Punks als Befreiung.

Sein Metier beherrschen und naiv wie ein Neuling an etwas herangehen

Normalerweise braucht es eine lange Zeit der Ausbildung und des Übens, um in einem kreativen Fach zum Meister zu werden. Es gibt auch Fälle, in denen einem Anfänger oder Außenseiter der entscheidende kreative Durchbruch gelingt. Um auf die Idee des Sicherheitsgurtes zu kommen, muss man kein Automobil-Ingenieur sein. Eine der wichtigsten Skulpturen des 20. Jahrhunderts schuf *Marcel Duchamp*, indem er ein Urinal signierte, auf einen Sockel stellte und in einer Ausstellung zeigte.

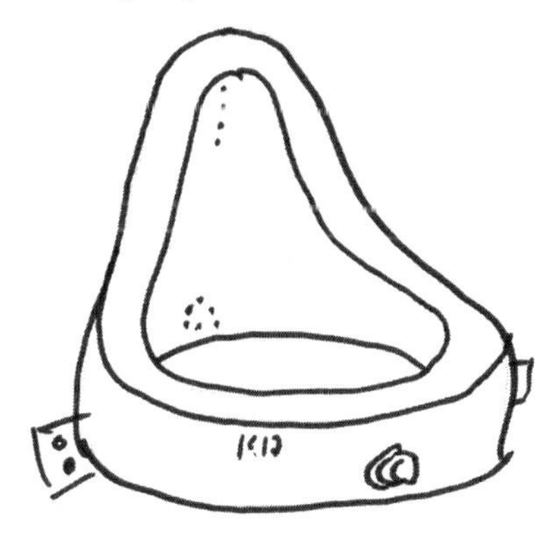

Jim Morrison hatte keine musikalische Ausbildung oder Erfahrung, als er mit den *Doors* anfing. Er hörte nur Musik im Kopf. Freunde warnten die anderen *Doors* vor dem Spinner, der nur Sprüche mache.

Albert Einstein erklärte, warum ausgerechnet er die Relativitätstheorie aufgestellt hat: »Der normale Erwachsene denkt über die Raumzeitprobleme kaum nach. Das hat er bereits als Kind getan. Ich hingegen habe mich geistig derart langsam entwickelt, dass ich als Erwachsener anfing, mich über Raum und Zeit zu wundern. Naturgemäß bin ich dann tiefer in die Problematik eingedrungen.«

Ähnlich verlief die Entwicklung des Therapeuten *Milton Erickson.* Erickson musste als Jugendlicher nach einer schweren Krankheit Sprechen und Gehen neu lernen. Damit lernte er es bewusster als andere.

Liebe und Hass

Kreativität entsteht manchmal in von Liebe und Hass geprägten Beziehungen, wie der Beziehung zwischen dem Regisseur *Werner Herzog* und dem Schauspieler *Klaus Kinski.*

Scheitern und Gelingen

Die Schauspielerin *Bibiana Beglau* sagt über Scheitern und Erfolg: »Bei Schlingensief habe ich gelernt, das Risiko zu Scheitern einzugehen. Nicht mit dem kleinen Wagen gemütlich an den Baum fahren, sondern mit dem fetten Sportschlitten und richtig mit Tempo. (So) entsteht ein Werk, das nicht nur in seiner Zeit besteht.«

Traurig und fröhlich

Ein Grundgefühl von Trauer gibt der Bluesmusik ihre Tiefe und ihre heilende Kraft.

Selbstsicher und Zweifel an sich selbst

Wer zu wenig selbstsicher ist, traut sich oft nicht, etwas wirklich Neues zu schaffen. Wer zu selbstsicher ist und seine Arbeit nie kritisch hinterfragt, läuft Gefahr, stehenzubleiben und sich nicht weiter zu entwickeln. Wobei es günstiger ist, sich nicht als Person kritisch zu hinterfragen, sondern nur das, was man tut.

Marianne Williamson sagt etwas Interessantes zum Thema Selbstsicherheit. Sie meint, sich selbst klein zu halten, diene nicht der Welt. Wenn wir unser eigenes Licht erscheinen ließen, gäben wir unbewusst anderen Menschen die Erlaubnis, dasselbe zu tun. Wenn wir von unserer eigenen Angst befreit seien, befreie unsere Gegenwart automatisch andere.

Weitere Spannungsfelder

vernünftig und verrückt
Fantasie und bodenständig beziehungsweise realistisch
flexibel und zielgerichtet
diszipliniert und spielerisch
Ordnung und Chaos
Leben und Tod
Planung und Zufall
stark und verletzlich
Aktivität und Ruhe
männlich und weiblich
geben und nehmen
extrovertiert und introvertiert
Freiheit und Unterdrückung
friedlich und kämpferisch
tragisch und komisch
bewusst und unbewusst
Nähe und Distanz

12. Kreativitätstechniken

Ich betrachte nun einige Techniken, die die Kreativität steigern können.

Die Disney Strategie nach Robert Dilts

Als erstes stelle ich die von *Robert Dilts* entwickelte *Disney Strategie* dar. Dilts fand heraus, dass *Walt Disney* neue Projekte aus verschiedenen Perspektiven betrachtete. Mit Hilfe der Disney Strategie kann man ein geplantes Projekt wie eine Firmengründung aus verschiedenen Perspektiven betrachten und wertvolle Ideen bekommen.

Zunächst legt man vier Zettel mit den Bezeichnungen *Träumer*, *Realist*, *Kritiker* und *Abstand* im Abstand von etwa 1 Meter voneinander auf den Boden.

Die Disney Strategie

A Träumer (sehen, Zukunft)

↓

B Realist (fühlen, jetzt) → Mitte ← C Kritiker (hören, Vergangenheit)

↑

D Abstand (rational)

Stellen Sie sich auf den Punkt A (mit Blick in die Mitte der Zettel) und überlegen Sie, wann Sie in Ihrem Leben einmal die Fähigkeit hatten, kreativ zu träumen und Fantasien zu entwickeln. Der Träumer geht ohne jedes Problembewusstsein in seinen Fantasien auf. Er träumt von einer wunderbaren Zukunft. Er liebt schöne innere Bilder, er ist ein *Visionär*.

Wenn Ihnen ein Moment einfällt, als Sie gut Fantasien entwickeln konnten, erinnern Sie sich möglichst genau, was Sie in diesem Moment gesehen, gehört und gefühlt haben, wie Ihre Körperhaltung war usw. Erzählen Sie nun aus der Perspektive des Träumers über das geplante Projekt.

Wenn ich aus der Perspektive des Träumers über das Projekt dieses Buches erzähle, klingt das etwa so: »Ich schreibe am Strand auf Kreta jeden Tag eine Stunde auf meinem Notebook und behalte diese Routine zuhause bei. Nach einem Jahr ist das Manuskript fertig. Ich schicke das Manuskript an ein paar gute Verlage und alle wollen das Buch veröffentlichen. Ich unterschreibe beim geeignetsten Verlag und das Buch verkauft sich gleich hervorragend. Große

Zeitungen bringen begeisterte Rezensionen, ein Buchclub veröffentlicht eine Lizenzausgabe, ausländische Verlage übersetzen das Buch, eine Hörbuchversion erscheint, im Fernsehen ...«

In der Position des Träumers darf man ruhig übertreiben und seiner Fantasie freien Lauf lassen. Wenn Sie alle Ideen ausgesprochen haben, treten Sie aus der Position A zur Seite und legen Sie die Rolle des Träumers ab. Es kann helfen, seinen Körper zu schütteln, um sich aus der Rolle zu lösen.

Stellen Sie sich nun auf die Position B. Erinnern Sie sich an einen Moment im Leben, als Sie besonders realistisch waren. Der Realist steht mit beiden Beinen auf dem Boden der Tatsachen. Er ist ein Macher, der gerne zupackt und etwas tut. Der Realist lebt im Hier und Jetzt, und ist mit seinem Körper und seinen Gefühlen verbunden. Er beschäftigt sich mit Möglichkeiten, mit dem, was man tun kann. Er krempelt die Hemdsärmel hoch und packt die Arbeit an. Für mich ist dafür *Helmut Schmidt* ein gutes Beispiel, der 1962 bei der Flutkatastrophe in Hamburg die Arbeit energisch anpackte.

Erinnern Sie sich an einen Moment, als Sie im Zustand des Realisten waren, wie fühlten Sie sich in diesem Moment? Erzählen Sie aus der Perspektive des Realisten, was Sie tun können, um das Projekt zu verwirklichen.

Über das Projekt dieses Buches sagte ich aus der Perspektive des Realisten etwa: »Wenn das Buch erschienen ist, benachrichtige ich Freunde, Bekannte und Kunden. Ich schreibe Zeitungen, Illustrierte, Bibliotheken, Radio- und Fernsehsender an. Auf der Buchmesse spreche ich ausländische Verlage an. Ich gebe Kurse und halte Vorträge ...«

Wenn sie alle Ideen ausgesprochen haben, treten Sie aus der Position B einen Schritt zur Seite, schütteln die Rolle des Realisten ab und begeben sich auf Position C. Sie können überlegen, wann Sie in Ihrem Leben etwas gut aus einer kritischen Sicht beurteilen konnten. Der Kritiker macht nicht alles schlecht, sondern benennt alle Schwachpunkte und Risiken eines Projektes, damit die Einwände berücksichtigt und Schäden vermieden werden. Er benennt alle finanziellen, juristischen, gesundheitlichen, ökologischen und sonstige Risiken, die sich bei dem Projekt ergeben können. Der Kritiker greift auf den Erfahrungsschatz der Vergangenheit zurück. Er hört oft auf eine innere Stimme, die vor Gefahren warnt.

Wenn ich aus der Perspektive des Kritikers über mein Buchprojekt erzähle, klingt das etwa so: »Ich weise auf den Haftungs-Ausschluss für Autor und Verlag hin ...«.

Sie können sich nun an einen Moment in Ihrem Leben erinnern, als Sie über die Fähigkeit des konstruktiven Kritisierens verfügten. Was haben Sie in diesem Moment gefühlt, gehört und gesehen? Erzählen Sie aus der Perspektive des

Kritikers über Ihr Projekt. Wenn Sie alle Argumente vorgetragen haben, treten Sie einen Schritt zur Seite und lösen Sie sich von der Rolle des Kritikers.

Gehen Sie nun zu Position D. Erinnern Sie sich an einen Moment in Ihrem Leben, als Sie etwas gut mit Abstand betrachten konnten. Bei der Abstand-Perspektive bin ich ein unbeteiligter Beobachter, der mit Abstand und Übersicht ein Thema betrachtet. Man kann sich auch in eine gute Beraterin oder Therapeutin einfühlen. Sie können so tun, als ob Sie eine weise, unbeteiligte Beobachterin wären.

Aus der Abstand-Perspektive sage ich über mein Buchprojekt etwa: »Der Kritiker ist zu kurz gekommen, er sollte nochmal zu Wort kommen und auf weitere Gefahren hinweisen.«

Bevor Sie aus der Abstand-Perspektive über das Projekt sprechen, hören Sie sich innerlich nochmal an, was der Träumer, der Realist und der Kritiker gesagt haben. Sie können nun sagen, was Ihnen zu diesen Beiträgen einfällt. Sie können bei Bedarf auch mehrmals die einzelnen Rollen durchspielen. Am Schluss können Sie die drei Blätter mit dem Träumer, dem Realisten und dem Kritiker übereinander auf den Boden legen, auf diesen Stapel treten und fühlen, wie Sie alle diese Rollen integrieren.

Mit der *Disney Strategie* kann man ein Projekt aus verschiedenen Perspektiven betrachten und wertvolle Informationen gewinnen. Die *Disney Strategie* berücksichtigt die Sinnesorgane Sehen, Fühlen und Hören, die Zeiten Vergangenheit, Gegenwart und Zukunft, Chancen, Möglichkeiten und Gefahren. Die *Disney Strategie* lässt sich für persönliche und berufliche Bereiche nutzen. Man kann sie gut allein durchspielen. Genauere Informationen finden Sie in dem Buch *Know How für Träumer* von *Robert Dilts*. Wenn es Ihnen schwerfallen sollte, diese Methode allein durchzuspielen, können Sie sich an einen guten NLP Master, Coach oder Trainer wenden, der hat diese Technik gelernt. Adressen von NLP Beratern erfahren Sie beim DVNLP (Siehe Kapitel 21).

Die Denkhüte nach Edward de Bono

Wie die Disney-Strategie dienen die *Denkhüte* von *Edward de Bono* dazu, ein Projekt aus verschiedenen Perspektiven zu betrachten.

Es gibt sechs Hüte, die sechs verschiedene Denkstile repräsentieren. Alle Teilnehmer setzen jeden Hut einmal auf und betrachten das Projekt aus der Perspektive der jeweiligen Hüte.

Der weiße Hut ist neutral, sachlich. Welche Informationen haben wir, welche fehlen uns, welche brauchen wir noch und wie können wir sie beschaffen.

Der rote Hut steht für Feuer und Wärme. Hier geht es um Emotionen, um Gefühle und die Intuition. Fragen Sie sich, was Sie bei dem Projekt spüren.

Der schwarze Hut steht für Kritik und Bedenken. Er ist problemorientiert, er mahnt zu Vorsicht, er bremst allzu hochfliegende Pläne. Fragen Sie sich, welche Schwächen, Risiken und Gefahren gibt es? Wie können Sie diese vermeiden?

Der gelbe Hut steht für Sonnenschein, für Optimismus. Fragen Sie sich, welche Vorteile hat das Projekt, welche Werte stehen dahinter? Wie kann die Idee umgesetzt werden.

Der grüne Hut steht für Vegetation und Wachstum, für Kreativität. Es geht um neue Ideen, Originalität und Alternativen. Der grüne Hut ist der eigentlich kreative Hut.

Der blaue Hut steht für den Himmel und die Vogelperspektive. Es geht um eine übergeordnete Sichtweise, um Objektivität und Disziplin.

Brainstorming

Das Brainstorming wurde von *Alex Osborn* erfunden und dient dazu, möglichst viele Ideen zu einem Thema zu finden. Günstig sind 4 bis 12 Teilnehmer. Es gelten 5 Regeln:

1. keine Kritik
2. möglichst viele Ideen
3. je wilder und verrückter der Einfall, desto besser
4. kombinieren Sie die Ideen und bauen Sie auf den Ideen von den anderen auf
5. trennen Sie die Bewertungsphase deutlich von der Ideenproduktion

Wenn eine bestimmte Anzahl von Leuten einmal in der Gruppe und ein andermal jeder einzeln ein Brainstorming durchführt, kommt die Gruppe zu weniger Ideen als alle einzelnen zusammen. Deshalb ist es eine gute Idee, wenn zuerst alle Teilnehmer für sich allein ein Brainstorming durchführen und dann gemeinsam in der Gruppe. Es kann helfen, wenn ein Moderator die ruhigeren Mitglieder zum Mitmachen animiert und die Ergebnisse des Brainstormings an der Tafel festhält.

Brainwriting

In einer Gruppe mit etwa mit sechs Teilnehmern im Kreis.

Jeder bekommt ein Blatt mit der Fragestellung.

Jeder schreibt fünf Lösungsvorschläge auf und reicht das Blatt an seinen Nachbarn weiter und bekommt selbst ein neues Blatt.

Jeder schreibt in 5 Minuten drei neue Vorschläge und gibt das Blatt wieder weiter.

Mindmapping
Das Mindmapping behandle in Kapitel 17 beim Thema *Fachbücher schreiben*.

Die Zufallstechnik nach Edward de Bono
Bei der *Zufallstechnik* nach *Edward de Bono* nimmt man zur Lösung einer Frage oder eines Problems ein Zufallswort oder Zufallsbild zu Hilfe. Ich nehme dazu ein Bilderlexikon für Kinder, weil darin anschauliche Wörter stehen. Man lässt seine Fantasie frei fließen, sucht Assoziationen, überlegt, wie das Zufallswort bei der Lösung des Problems helfen könnte.

Normalerweise suchen wir den direkten Weg vom Problem zur Lösung. Damit suchen wir die Lösung linear, auf dem Hauptweg. Wenn wir ein Zufallswort zu Hilfe nehmen, nutzen wir das Querdenken, es kommt eine neue Dimension ins Spiel, die Fantasie wird angeregt, es kommen neue, ungewohnte Ideen, es eröffnen sich Seitenpfade.

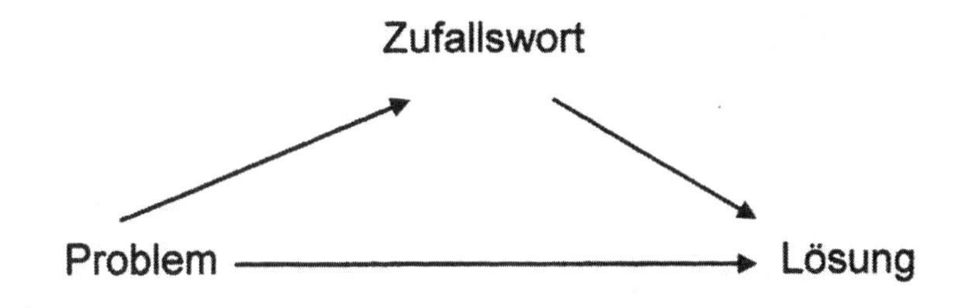

Ich gebe ein Beispiel, wie ich einmal die Zufallstechnik genutzt habe. Ich hatte gehört, dass ein totes Tier schwerer zu tragen ist als ein lebendes. Ich fragte mich, wie das kommt. Das Zufallswort, das ich in dem Lexikon fand, war *Nomade*. Mir fiel sofort folgende Geschichte dazu ein:

Der Nomade
Ein Nomade rettete einmal dem Scheich seines Landes vor dem Verdursten in der Wüste. Der Scheich wollte ihm als Zeichen seiner Dankbarkeit einen Palast schenken. Der Nomade erbleichte und erwiderte: »Ich habe Angst vor der Starrheit dieses Hauses, das mir die Leichtigkeit und Beweglichkeit rauben würde. Ich bleibe lieber unter dem freien Himmel des Mondes, des Windes, der Wellen der Wüste und des Meeres, und dem Geist der Sonne und der Nacht.«

In der *ZEIT* und im SZ *Magazin* erscheinen die Kreuzworträtsel *um die Ecke* gedacht und *das Kreuz mit den Worten*, bei denen man das Querdenken üben kann. In der *Apotheken Umschau* erscheint das etwas leichtere Rätsel *extra knifflig*. Ich löse ein paar Worte, lasse das Rätsel liegen, das Unbewußte beschäftigt sich weiter mit dem Rätsel, dann kehre ich zum Rätsel zurück. Anfangs brauchte ich eine Woche für die Lösung, inzwischen einen Tag.

Die Provokationstechnik nach Edward de Bono

Mit der *Provokationstechnik* nach *Edward de Bono* kann man neue Ideen finden. Durch Provokationen stellt man allgemein anerkannte Annahmen und Sichtweisen in Frage, um zu neuen Einsichten und Lösungen zu kommen. Mit dieser Technik darf man 30 Sekunden lang auf kontrollierte Weise verrückt sein, um zu neuen Ideen zu kommen.

Man behauptet bewusst übertriebene oder offensichtlich falsche Dinge, um die Betriebsblindheit zu überwindend, die gewohnten Bahnen des Denkens zu verlassen und das Thema aus neuen Blickwinkeln zu betrachten. Man stellt der Provokation die Silbe *PO* voran, um sie als absichtliche Provokation zu kennzeichnen. So führte die Provokation *PO Autos haben quadratische Räder* zur Entwicklung einer vorausschauenden Federung.

Wissenschaftlicher Fortschritt verläuft in folgenden Phasen: Von *Verwirrung* zu *Klarheit* zu neuer *Verwirrung* usw. Ein Beispiel: Um 1900 dachten die führenden Physiker, dass in der Physik keine bahnbrechenden Erkenntnisse mehr möglich wären. Dann kam *Albert Einstein* und stellte das als unumstößlich geltende Konzept von Raum und Zeit in Frage. Viele traditionelle Physiker blieben lieber bei ihrer alten Klarheit, als sich der Phase der Verwirrung zu stellen, die diese neue Theorie brachte. Wer sich der Verwirrung stellte, kam auf ein neues Niveau der Klarheit. Einstein war nicht bereit, sich der nächsten Herausforderung durch die *Quantenmechanik* zu stellen. Einstein meinte dazu: »Gott würfelt nicht.« Auch wenn die Phase der Verwirrung oft unangenehm ist, ist sie eine wichtige Phase des wissenschaftlichen Fortschritts, des Lernens und der Kreativität.

Insofern ist es sinnvoll, auch scheinbar sichere Wahrheiten immer wieder zu hinterfragen, sich der Verwirrung zu stellen. Und Provokation ist ein geeignetes Mittel, um Menschen zu verwirren. Je unwahrscheinlicher eine Provokation erscheint, desto wirkungsvoller ist sie.

Man kann Provokationen auf folgende Arten finden:

Annahmen aufheben: Man widerspricht dem, was automatisch vorausgesetzt wird.

Idealfall: Man nennt, was im Idealfall passieren würde.

Umkehrung: Beispiel: Beim Telefonieren erst sprechen, dann die Nummer wählen.

Übertreibung: Man übertreibt schamlos.

Zufall: Dies entspricht der Zufallstechnik aus dem letzten Kapitel.

Sein Unbewusstes bitten, sich auf die Suche zu begeben

Wenn man auf der Suche nach der Lösung eines Problems oder nach Ideen zu einem Thema nicht weiterkommt, kann man sein Unbewusstes bitten, sich auf die Suche zu machen. *Charlie Chaplin* schrieb: »… im Laufe der Jahre habe ich entdeckt, dass Einfälle kommen, wenn man sie intensiv genug herbeiwünscht; durch das unablässige Wünschen verwandelt sich der Verstand in einen Späher.«

Karteikarten im Raum auslegen, jetziger, gewünschter Zustand nach Dilts

Mit der folgenden Technik kann man neue Ideen und Einsichten gewinnen über ein geplantes Projekt wie eine Firmengründung oder bei Problemen. Diese Technik wurde von *Robert Dilts* entwickelt (Success Factor Modeling).

Ich überlege mir, wer und was alles bei dem Projekt eine Rolle spielen. Bei dem Projekt der Übergabe meiner Firma an einen Nachfolger etwa: Ich, die Firma, die Mitarbeiter, die Kunden, die Bank, die Schulden, die Außenstände, der Ruf der Firma, der mögliche Nachfolger usw.

Ich schreibe alle Personen und alle Themen auf, die bei dem Projekt eine Rolle spielen könnten. Ich nehme für jede Person und jedes Thema eine Karteikarte und schreibe das Thema auf die Karteikarte, zum Beispiel *Schulden*.

Ich lege eine Karteikarte mit dem Titel *Ich* in die Mitte eines großen Tischs oder in die Mitte einer größeren freien Fläche auf dem Boden. Auf der Karteikarte *Ich* zeichne ich mit einem Pfeil meine Blickrichtung ein.

Ich überlege, wo im Raum ich im Moment die einzelnen Themen erlebe. Ich erkläre, was ich damit meine. Wenn ich mir überlege, wo ich meine Schulden erlebe, ist damit nicht gemeint, ob meine Bank im Norden oder im Süden liegt, sondern wo ich meine Schulden in meiner Vorstellung erlebe. Sitzen sie mir im Genick oder habe ich sie wie ein Brett vorm Kopf direkt vor meinen Augen?

Wir erleben Probleme und Beziehungen oft räumlich. Die Bezeichnungen für Beziehungsprobleme beschreiben oft räumliche Sachverhalte, zum Beispiel: Jemand fällt mir in den Rücken, er rückt mir auf die Pelle, er schneidet mich.

Ich nehme mir eine Karteikarte und ein Thema nach dem anderen vor, spüre nach, wo ich das Thema (z.B. die Schulden) oder die Person im Moment erlebe und lege die Karte an diese Stelle auf den Tisch. Wenn ich den Eindruck habe, dass meine Schulden wie ein Brett vor meinem Kopf sind, lege ich die Karte mit den Schulden direkt vor die Karte *Ich*.

Schulden

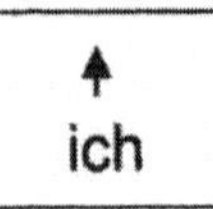

Wenn ich alle Themen an *die* Stelle gelegt habe, an der ich sie im Moment erlebe, nehme ich mir Zeit und spüre das ganze Projekt mit allen beteiligten Themen und Personen. Dann überlege ich, wie ich die Themen und Personen in meiner Vorstellung besser anordnen kann, damit ich mehr Kraft und Überblick für meine Arbeit habe.

Die Schulden für mein Haus die ganze Zeit wie ein Brett vor dem Kopf zu haben, ist nicht günstig. Ich lege die Schulden in meiner Vorstellung und auf dem Tisch nach links an den Rand meines Blickfeldes, damit ich sie noch im Blick habe, und sie mich nicht behindern.

Ich gehe alle Themen und Personen nacheinander durch und überlege, ob ich einen günstigeren Platz für sie finde. Dann überlege ich, ob ich mich mit der neuen inneren Anordnung der Themen wohlfühle. Ich achte auf innere Einwände, die sich oft als innere Stimmen oder als ein Gefühl melden. Wie man mit inneren Einwänden umgehen kann, habe ich im Kapitel 7 bei dem Thema *Blockaden lösen* behandelt.

Wenn alle Karten so liegen, dass ich mich damit wohlfühle und alle inneren Einwände berücksichtigt sind, nehme ich mir Zeit, diese neue innere Vorstellung des Projekts zu integrieren. Ich kann ein Foto von der neuen Anordnung der Karteikarten machen und immer wieder einmal anschauen. Diese Arbeit besitzt eine erstaunlich starke Wirkung.

Die Osborn-Checkliste

Die *Osborn-Checkliste* entwickelte der Erfinder des Brainstormings *Alex Osborn.* Mit Hilfe dieser Liste kann man zu bereits existierenden Ideen zusätzliche Ideen erzeugen. Ein paar Beispiele:

Kann man die Idee anders verwenden?

Was ähnelt dieser Idee? Was kann man davon übernehmen?

Gab es Parallelen in der Vergangenheit, was kann man aus ihnen lernen, zu welchen neuen Ideen können sie führen?

Was kann man ändern, eine andere Richtung, Farbe, Größe, Intensität? (Siehe die Feinunterscheidungen der Sinnesorgane in Kapitel 22.)

Kann man die Form, die Symmetrie usw. ändern?

Was kann man vergrößern, häufiger machen, verstärken, vervielfältigen oder verkleinern, seltener machen, abschwächen, feiner machen?

Ausführlichere Informationen zur Osborn-Checkliste finden Sie in *Tom H. Lautenbacher: Die Entwicklung von Geschäftsideen - Ein Leitfaden zur systematischen Erzeugung, Bewertung und Auswahl von Ideen für neue Geschäftsfelder im Rahmen des Internal Corporate Venturing.* VDM, Saarbrücken 2011.

Die progressive Abstraktion von Horst Geschka

Bei der *progressiven Abstraktion* von *Horst Geschka* geht es darum, bessere Lösungen zu finden, indem man sich schrittweise immer weiter weg von der ursprünglichen Lösung zu immer abstrakteren Themen bewegt, die dahinterstehen. Durch die Erhöhung des Abstraktionsniveaus nähert man sich dem Kern des Problems und findet neue Lösungsansätze. Man kann diese Technik einzeln oder in einer Gruppe anwenden.

Ein Beispiel: Das Problem ist, dass zu wenig Parkplätze zur Verfügung stehen.

1. Lösung: Mehr Parkplätze bauen.

1. Abstraktion: Worauf kommt es eigentlich an?

Es kommt darauf an, dass die Autofahrer nicht lange nach einem Parkplatz suchen müssen und die Geschäfte erreichen.

2. Lösung: Shuttlebusse, die regelmäßig von Parkplätzen am Rande der Stadt in die Innenstadt fahren und zurück.

2. Abstraktion: Worauf kommt es eigentlich an?

Es kommt darauf an, zu verhindern, dass die Parkplätze vor den Geschäften von Langzeit-Parkern belegt werden. Wie könnte man das sonst noch erreichen?

3. Lösung: Nur Autos mit einer Parkscheibe dürfen auf den Parkplätzen stehen. usw.

Ausführlichere Informationen zum Thema progressive Abstraktion finden Sie in *Helmut Schlicksupp* (Hrsg.): *Ideenfindung*. 5. Auflage. Vogel Verlag, Würzburg 1999. S. 64-67

Metaphern nutzen

Um zu neuen Ideen zu kommen, kann man Metaphern nutzen. Metaphern sprechen das Unbewusste an und regen die Fantasie an. Der Denker *Gregory Bateson* meinte, dass Analogien und Metaphern die Kreativität fördern und die Quelle aller Kunst und Genialität sind. Wenn wir die Metaphern ändern, mit deren Hilfe wir eine Situation zu verstehen versuchen, wird die Kreativität angeregt, und es entstehen neue Perspektiven. Es folgt eine Übung zur Entwicklung von Metaphern.

Übung Metaphern finden

Man sucht eine Metapher für ein Problem. Nehmen wir an, jemand hat Schwierigkeiten mit den flüssigen Geldmitteln seiner Firma. Er nimmt als Metapher für seine Situation, er komme sich vor wie ein Flugkapitän mitten über dem Ozean, dem klar wird, dass das Flugbenzin zur Neige geht. Er kann diese Metapher bildlich darstellen. Er überlegt, ob ihm eine Lösung zu dem Problem in seiner Metapher einfällt und die Lösung bildlich darstellen. Eine Lösung ist, wie mit einem Segelflugzeug zum nächsten Flughafen zu segeln.

Diese Arbeit kann man gut in einer Gruppe durchführen. Jeder findet seine eigene Metapher für das Problem und für die Lösung und tauscht sich in der Gruppe darüber aus. Bei dieser Methode entstehen keine unproduktiven Streitereien darüber, wer Recht hat. Eine Metapher ist nicht falsch oder richtig, sie illustriert nur, wie man sich fühlt.

Design Thinking

Design Thinking wurde von *Terry Winograd, Larry Reifer und David Kelley* entwickelt. *Design Thinking* soll helfen, Probleme zu lösen und neue Ideen zu finden. *Design Thinking* zeichnet sich durch folgende Punkte aus:

Menschen aus den unterschiedlichsten Disziplinen arbeiten zusammen.

Der Fokus liegt auf den Bedürfnissen des Kunden. Es sollen möglichst früh Prototypen hergestellt, getestet und verbessert werden. Der *Design Thinking* Prozess umfasst folgende Schritte:

Das Problemfeld verstehen.

Beobachten: Die Kunden beim Gebrauch des Produkts beobachten und ausführlich befragen.

Standpunkt definieren: Die gewonnen Einsichten werden zusammengefasst, zu einem Gesamtbild verknüpft und dargestellt. Muster werden identifiziert.

Ideen finden: Es werden Ideen kreiert, strukturiert, bewertet und danach ausgewählt, ob sie attraktiv, umsetzbar und wirtschaftlich sind.

Prototyp: Es werden möglichst früh Prototypen hergestellt.

Test: Die Prototypen werden mit den Kunden, den Endverbrauchern vor Ort, getestet und weiter verbessert. Es ist gut, bereit zu sein, auch die schönsten Ideen aufzugeben, wenn sie nicht funktionieren. Es ist gut, möglichst oft und früh zu scheitern und daraus zu lernen.

Design Thinking geht davon aus, dass für Innovationen die Faktoren Mensch, Technologie und Wirtschaft grundlegend sind. Eine Innovation setze sich nur durch, wenn sie attraktiv, umsetzbar und wirtschaftlich ist.

Die Teilnehmer sollen Spezialisten auf einem bestimmten Gebiet sein und sich Menschen, die Umwelt und andere Disziplinen interessieren.

David Kelley erzählt ein Beispiel für die Arbeit mit *Design Thinking.* Das Problem war, dass in einer Schule die Schüler in der Mittagspause meist nur Süßes und Fettes essen wollten. Seine Mitarbeiter fragten die Schüler zuerst nach ihren Vorlieben in der Mittagspause. Die Schüler meinten, das sei die einzige längere Phase im Schultag, die sie mit ihren Freunden verbringen. Die Lösung war, dass die Schüler das Essen nicht mehr selbst an einer Theke auswählen, sondern sich in einem schönen Raum an einen Tisch mit ihren Freunden setzen. Das Personal bringt den Schülern wie Kellner das Essen an den Tisch, und zwar zuerst Salat und Gemüse. Und die Schüler essen ohne Murren, denn sie haben Hunger und sind in das Gespräch mit ihren Freunden vertieft.

David Kelley meint: Aus meiner Sicht muss man stets fragen, was die einfachste Lösung ist: die schönste, schlichte. Wie im guten Design.

Ausführlichere Informationen zum *Design Thinking* finden Sie in *Dorothy Leonard-Barton: Wellsprings of Knowledge: Building and Sustaining the Sources of Innovation, Harvard Business School Press, 1995*

13. Tricks, um die Kreativität anzuregen

Ich untersuche in diesem Kapitel Tricks, die die Kreativität anregen können.

Die Wahrnehmung schulen

Meister ihres Fachs zeichnen sich durch eine gute Wahrnehmung aus. Ein Koch erkennt, welche Gewürze fehlen. Ein Musiker hört jeden falschen Ton. Ein Maler kennt die feinsten Farbnuancen. Um seine Kreativität anzuregen ist es sinnvoll, seine Wahrnehmung zu schulen. Man kann seine Wahrnehmung durch einen Reizentzug anregen. Wenn man *einen* Sinn, zum Beispiel das Sehen, für eine Zeitlang ausschaltet, schärft man die anderen Sinne. Blinde haben meist ein ausgeprägtes Gehör. Gehirnareale, die für das Sehen zuständig sind, werden bei Blinden für Hören und Fühlen genutzt.

Der als Kind erblindete Musiker *Ray Charles* hatte ein so ausgeprägtes Gehör, dass er in seinem Dorf in voller Geschwindigkeit Fahrrad fuhr und sich dabei nur auf sein Gehör verließ. Es gibt Blinde, die beim Gehen mit ihrer Zunge Klicklaute machen und sich wie Fledermäuse anhand des Echos orientieren. Einige Blinde sind dabei so versiert, dass sie allein in unbekanntem Terrain Bergwanderungen unternehmen. Ich denke, es ist kein Zufall, dass viele große Musiker wie *Ray Charles*, *Stevie Wonder* und *José Feliciano* blind sind.

Meister ihres Fachs sind besonders darin geschult, Muster wahrzunehmen. In Kapitel 20 bringe ich ein paar Übungen zur Schärfung der Wahrnehmung.

Üben und sein Metier beherrschen

Um ein Meister in seinem kreativen Bereich zu werden, kommt man meist ums Üben nicht herum. Der Musiker *Louis Armstrong* meinte, wenn er einen Tag nicht übt, merkt er selbst es, wenn er zwei Tage nicht übt, merken es die Kritiker, wenn er drei Tage nicht übt, merkt es das Publikum.

Anders Ericsson fand heraus, dass Topmusiker bis zu ihrem 18. Lebensjahr ungefähr zehntausend Stunden geübt haben. So lange haben auch die *Beatles* bis zu ihrem Durchbruch geübt.

Eine Geschichte: Ein Mann mit einem Geigenkoffer fragt auf der Straße einen Passanten: Wie kommt man von hier in die Philharmonie? Der Passant antwortet: Durch viel Üben.

Üben hat allerdings den Nachteil, dass es schnell langweilig wird. Man kann sich das Üben angenehmer und interessanter machen, indem man bei jeder Wiederholung seine Aufmerksamkeit auf ein anderes Detail lenkt. Ein Beispiel: Ich habe fünf Jahre lang Karate gelernt. Da muss man immer wieder den gleichen

Fauststoß üben. Ich kann das Üben interessanter machen, indem ich einmal auf den Atem achte, auf das Einrasten der Faust, auf die Schultern, auf die Bauchmuskeln, auf den Stand usw. Es gibt dutzende von verschiedenen Details, auf die ich bei der Wiederholung einer einzigen Technik achten kann.

Übrigens: *Keith Richards* von den *Rolling Stones* empfiehlt, erst die akustische Gitarre zu beherrschen und dann zur Elektrogitarre zu wechseln. Keith bemerkt dazu lapidar: »Aber wenn du ganz nach oben willst, musst du ganz unten anfangen. Eine allgemeingültige Regel, ob man nun Gitarre spielt oder ein Bordell betreibt.« Viele Musiker wollen über Talentshows im Fernsehen schnell nach oben kommen. Die *Beatles* und die *Rolling Stones* haben sich über kleine Auftritte langsam nach oben gearbeitet und so starke Wurzeln bekommen.

Meist ist es günstig, wenn Künstler und Erfinder ihr Metier beherrschen. Ein Musiker sollte sein Instrument beherrschen, ein Maler sein Werkzeug, sein Material und die verschiedenen Maltechniken kennen und beherrschen.

Viele Menschen nehmen ihr Arbeitsgerät als erweiterten Teil ihres Körpers wahr. Formel 1 Fahrer erleben die Reifen als Teil ihres Körpers. Sie erkennen so genauer und schneller, ob sie noch Bodenkontakt haben. Genauso erleben viele Musiker ihr Instrument als erweiterten Teil ihres Körpers, sie verschmelzen mit dem Instrument.

Auch wenn man sein Metier genau kennt, ist es günstig, sich den naiven Blick eines Laien zu bewahren, Dinge wie ein Kind auf neue Art wahrzunehmen und so neue kreative Ideen zu finden. Um den Sicherheitsgurt zu erfinden, muss man kein Ingenieur sein.

Einfach anfangen

Ein verblüffend einfacher und wirksamer Trick, seine Kreativität anzuregen, ist, einfach anzufangen. Der Filmkomponist *Hans Zimmer* setzt sich, wenn er komponieren will, an seinen Computer und fängt an, Musik zu spielen. Irgendwann kommt er in einen Flow-Zustand und schafft etwas Neues, Kreatives. Sein Computer nimmt automatisch auf, was er gespielt hat und verwandelt das Gespielte in geschriebene Noten. Diese übergibt Hans Zimmer einem klassischen Orchester, das die Musik aufnimmt.

Zufälle, Fehler und Missverständnisse nutzen

Man kann Fehler, Missverständnisse und Zufälle für die Kreativität nutzen. *Ringo Starr* von den *Beatles* sagte öfter solch offensichtlichen Blödsinn wie

»tomorrow never knows« (*morgen weiß es nie*). *John Lennon* und *Paul McCartney* waren so clever, dies zu bemerken und meinten: »Was hast du da gesagt? Daraus machen wir einen Song!« Der Song *8 days a week* (acht Tage die Woche) entstand ähnlich, den schnappten Lennon und McCartney von einem Fahrer auf. *George Harrison* nutzte den Zufall, um einen seiner wichtigsten Songs zu komponieren. Er nahm sich vor, das erste, das er beim Öffnen eines Buchs liest, für einen Song zu nutzen. Das erste, was ihm ins Auge fiel, waren die Worte *gently weeps* (weint sanft). Dies nutzte er für den Song »while my guitar gently weeps«.

Als der junge *John Lennon* anfing, mit ein paar Freunden auf Partys Songs von anderen Musikern nachzuspielen, kannte er oft den genauen Text der Songs nicht. Also improvisierte er irgendeinen Text zu den Songs. Ich denke, dabei hat er viel darüber gelernt, wie man Songtexte schreibt.

Missverständnisse können kreativ sein. So schickte ein Teegroßhändler seinen Kunden Proben von neuen Teesorten in kleinen Tüten. Die Tüten waren als Transportbehältnisse gedacht. Die Kunden verstanden das falsch und gaben die Tüten in heißes Wasser und waren begeistert von dieser neuen Idee. Der Großhändler verstand erst nicht, was die Kunden von ihm wollten. Sie wollten nicht die neuen Teesorten, sondern die Tütchen. So führte das Missverständnis der Kunden zur Erfindung des Teebeutels.

Der Künstler *Erwin Wurm* meint: »Es gibt immer zwei Kunstwerke: Das eine ist in meinem Kopf, dass andere steht vor mir. Wenn beide kongruent sind, ist es optimal. Das ist aber nie der Fall. Trotzdem darf man dem Ideal nicht hinterherhecheln. Das wäre der schlimmste Fehler überhaupt, weil man die Alternativen aus dem Blick verliert. Ein Zufall kann schöner sein als ein Plan.«

Der Maler *Jackson Pollock* spritzte Farbe scheinbar zufällig auf die Leinwand.

Andere kopieren

Künstler bauen auf den Errungenschaften anderer Künstler auf. Früher lernten Maler ihr Handwerk, indem sie alte Meister kopierten. *Albrecht Dürer* meinte: »Aus wem ein großer, kunstreicher Maler werden soll, der muss von guten Meistern viel kopieren, bis er eine freie Hand erlangt.«

Die Sänger *Steve Winwood* und *Joe Cocker* kopierten am Anfang *Ray Charles*. Irgendwann beginnen Künstler sich von ihren Vorbildern zu lösen und finden ihren eigenen Stil.

Wenn *Keith Richards* und *Mick Jagger* von den *Rolling Stones* komponieren, spielen sie Songs von *Otis Redding* und anderen nach, improvisieren dazu, bis eine neue Melodie und ein neuer Song entsteht.

Marianne Faithfull meint über Mick Jagger, dass er wie jeder Künstler ein richtiger Aasgeier sei, dauernd hebe er Dinge auf und probiere, ob sie ihm passen.

Bestehendes aufnehmen und verändern

Ähnlich wie man Werke von anderen Künstlern kopieren und verändern kann, kann man die Wirklichkeit kopieren und dabei verändern. Die *Bee Gees* hörten beim Überqueren einer Brücke mit dem Auto einen faszinierenden Rhythmus. Dieser Rhythmus wurde die Grundlage für ihren Hit *Jive Talkin'*.

Picasso nutzte bei seiner Skulptur eines Affen ein Spielzeugauto für die Gestaltung des Kopfes.

Wenn wir etwas kopieren, verändern wir es automatisch. Eine realistische Wiedergabe der Wirklichkeit gibt es nicht. Es gibt eine Geschichte von *Picasso*. Ein Mann bezeichnete Picassos Darstellung einer Frau als unrealistisch. Picasso fragte den Mann, was denn eine realistische Darstellung ist? Der Mann holte ein Foto seiner Frau aus der Tasche und meinte: Das ist eine realistische Darstellung meiner Frau. Picasso antwortete: So klein und so flach ist ihre Frau?

Der Eigendynamik des Projekts folgen

Es gibt Maler und Schriftsteller, die haben schon zu Beginn eine Vorstellung von dem ganzen Werk. Andere kennen nur den Anfang und folgen der Eigendynamik ihres Werks. Romanfiguren bekommen nach einiger Zeit eine Eigendynamik, denen der Autor nur noch zu folgen braucht. Es gibt auch Autoren, die nur den Schluss ihres Romans kennen, wenn sie mit dem Schreiben anfangen. Manche gehen die Höhepunkte Schritt für Schritt zurück.

In Kreativworkshops habe ich schon erlebt, dass manche Teilnehmer von allein mit dem anfingen, was ich als nächste Übung vorgesehen hatte.

Nicht nur in der Kunst kann man der Eigendynamik einer Bewegung folgen. Es gab Anführer von revolutionären Bewegungen in der Kunst und in anderen Bereichen, die nur die neuesten Ideen aufgriffen und bündelten.

Ein Detail verstärken oder verzerren

Man kann ein Detail eines Werks verstärken, vergrößern oder verzerren. Man kann etwas aufgreifen, eine Form, eine Struktur, ein Muster, einen Rhythmus, eine Farbe, einen Kontrast oder einen Ton und verstärken. Der Schriftsteller *André Gide* meinte: »Kunst ist eine Idee, die übertrieben wird.«

Wir nehmen über unsere fünf Sinne Sehen, Hören, Fühlen, Riechen und Schmecken Informationen auf. Und wir denken mit Hilfe unserer Sinne durch innere Bilder, innere Stimmen usw. Und wir sind in unseren 5 Sinnen kreativ, im Sehkanal durch Malen und Fotografieren, im Hörkanal über Musik usw. Innerhalb der einzelnen Sinne gibt es feinere Unterscheidungen. Im Sehkanal zum Beispiel, ob wir ein Foto oder einen Film sehen, schwarzweiß oder farbig. In Kapitel 22 sind die Feinunterscheidungen der Sinneskanäle aufgeführt. Hier können Sie Ideen bekommen, welche Feinunterscheidungen Sie bei der kreativen Arbeit verändern können. So kann man bei Musik die Geschwindigkeit erhöhen, die Richtung, aus der die Töne kommen, die Lautstärke und den Rhythmus verändern.

Übersetzen in einen anderen Kontext, einen anderen Sinneskanal usw.

Es kann die Kreativität anregen, wenn man etwas in einen anderen Sinneskanal oder einen anderen Kontext überträgt. Ein Musiker kann ein Gemälde vertonen, ein Maler zu Musik ein Bild malen. Der Musiker *Sonny Rollins* bat einmal *Mick Jagger* zu seinem Spiel zu tanzen und übersetzte *Mick Jaggers* Tanz in Jazz.

Der Maler *Wassily Kandinsky* besuchte 1911 ein Konzert mit Musik von *Arnold Schönberg*. Die Musik, die die alten Regeln der Tonalität überschritt, verstärkte ihn darin, in seiner Malerei alle Gegenständlichkeit hinter sich zu lassen. Die Musik *Schönbergs* gab *Kandinsky* den Impuls für seine abstrakte Malerei.

Im *Design Thinking* wird die Befruchtung durch andere Bereiche gesucht. So kann der Transfer von Gedanken aus anderen Kulturen befruchtend sein.

Andere Perspektiven nutzen

Man kann neue Impulse bekommen, indem man etwas aus einem anderen Blickwinkel betrachtet. Der ehemalige US-Präsident *Barack Obama* meint: »Auf Perspektiven kommt es an. In einer Zeit, in der sich die Ereignisse so schnell entwickeln und wo so viel Information zirkuliert, war die Fähigkeit, innezuhalten und Abstand zu bekommen, von unschätzbarem Wert für mich.«

Erst durch das Sehen mit zwei Augen können wir plastisch sehen, können die Tiefe eines Raums erfassen.

Der Musiker und Musikproduzent *Brian Eno* meint: »Von mir wollen Bands wie U2 etwas anderes: In einer Band gibt es Gewohnheiten. Und irgendwann merkt man, dass das Ergebnis nicht mehr so befriedigend ist. Und um diese Gewohnheiten zu durchbrechen, braucht man jemand von außen.«

Der General *Alexandre Dumas* hatte ein bewegtes Leben. Die ersten 14 Jahre lebte er als schwarzer Sklave auf Haiti. Dann lebte er als legitimer Sohn eines Marquis in Frankreich. Er trat als einfacher Soldat der Armee bei. Er brachte es bis zum Divisionsgeneral. Dann saß er 2 Jahre in schwerer Kerkerhaft. Sein Sohn, der Schriftsteller *Alexandre Dumas der Ältere* verinnerlichte die Erfahrungen seines Vaters und die damit verbundenen Blickwinkel auf das Leben. Seine Bücher gewannen dadurch eine besondere Tiefe.

Die vier Perspektiven

Man kann einen Konflikt aus seinem eigenen Blickwinkel betrachten, aus dem Blickwinkel der anderen beteiligten Personen, mit Abstand, aus dem Blickwinkel einer unbeteiligten Beobachterin oder Therapeutin und aus dem Blickwinkel des übergeordneten Ganzen, der Beziehung, der Firma, des Teams usw.

Auf den verschiedenen logischen Ebenen betrachten

Probleme und ihre Lösungen befinden sich auf verschiedenen Ebenen, den sogenannten *logischen Ebenen* (nach Dilts). Man kann neue Ideen bekommen, wenn man ein Thema auf den verschiedenen logischen Ebenen betrachtet.

Veränderungen auf höheren Ebenen haben immer Auswirkungen auf die unteren Ebenen. Veränderungen auf unteren Ebenen haben selten Auswirkungen auf die höheren Ebenen. Veränderungen sind umso machtvoller, je

Die logischen Ebenen

SPIRITUALITÄT/ZUGEHÖRIGKEIT Woher, Wozu?

IDENTITÄT Wer?

ÜBERZEUGUNGEN UND WERTE Warum?

FÄHIGKEITEN Wie?

VERHALTEN Was?

UMFELD Wo? Wann?

höher die logische Ebene ist, auf der sie stattfinden.

Umfeld

Ein Problem auf der untersten Ebene, der Ebene des Umfeldes, ist zum Beispiel, wenn man in einer Wohnung lebt, die zu laut ist. Hier kann ein Umzug das Problem lösen. Bei vielen, die über ihr Umfeld jammern, liegt das Problem jedoch auf einer höheren logischen Ebene. Das Problem liegt bei ihnen selbst. Wenn sie in eine andere Stadt ziehen, sind sie bald wieder mit den gleichen Problemen konfrontiert. Viele flüchten so ständig vor sich selbst in andere Städte oder Beziehungen und können sich selbst doch nicht entkommen. Ein Wechsel der Umgebung löst kein Problem, das in der Person liegt.

Verhalten

Über der Ebene der Umwelt liegt die Ebene des Verhaltens. Ein Beispiel: Ein Angestellter hat Probleme im Büro, weil er keinen Anzug trägt. Wenn das Problem auf dieser Ebene liegt, kann er es lösen, indem er sein Verhalten ändert und im Anzug ins Büro kommt.

Fähigkeiten

Die nächsthöhere Ebene ist die Ebene der Fähigkeiten. Ein Beispiel: Jemand kann kein Englisch. Um das Problem zu lösen, kann er Englisch lernen.

Überzeugungen und Werte

Überzeugungen sind Einstellungen, die uns einschränken oder bestärken, es sind Vorstellungen über die Grenzen und Möglichkeiten, die wir haben und die uns die Welt bietet. Beispiele für begrenzende, einschränkende Überzeugungen über sich und die Welt: als Frau hat man keine Chance, eine Führungsposition zu erreichen; Verkaufen ist unmoralisch; Geld ist schmutzig; Kreativität kann man nicht lernen. Einschränkende Überzeugungen über die Heilung von Krebs können drei verschiedene Formen haben:

Krebs ist nicht heilbar.

Ich kann nicht gesund werden.

Ich verdiene es nicht, gesund zu werden.

Beispiele für motivierende, Kraft gebende Überzeugungen über sich und die Welt: Ich kann eine mich erfüllende Arbeit finden. Ich bin ein liebenswerter Mensch. Das Leben bietet immer wieder neue Chancen. Alle Probleme können gelöst werden. Ich bin erfolgreich. Ich kann gesund werden. Das Leben ist schön. Ich kann immer wieder neue Freunde finden. In Kapitel 5 habe ich das Thema Überzeugungen schon ausführlich behandelt.

Auf der gleichen logischen Ebene wie unsere Überzeugungen liegen unsere *Werte*. Werte bestimmen, was uns *wert* ist, Zeit, Geld und Energie in etwas zu investieren. Sie geben unserem Leben eine Richtung.

Identität
Die Ebene der Identität beinhaltet eine Überzeugung über sich als Person, wie »ich bin ein Versager«, oder »ich bin ein Siegertyp«. Und die Identität wird durch unser Selbstbild geprägt. Das Selbstbild ist das Bild, das wir sehen, wenn wir uns selbst innerlich sehen. Günstig ist ein realistisches und positives Selbstbild, das unten in der Ecke ein Schwarzweißbild einer Niederlage enthält. Somit wird eine mögliche Niederlage in der Zukunft das Selbstbild nicht zerstören, sondern wird zur Ausnahme, die die Regel bestätigt. Ausführliche Informationen zum Thema Selbstbild finden Sie in dem Buch *Transformation des Selbst* von *Steve Andreas*.

Spiritualität und Zugehörigkeit
Die höchste logische Ebene ist die Ebene der Spiritualität beziehungsweise Zugehörigkeit. Zum Beispiel: *Ich bin Christ* oder *ich bin Adliger*.

Übung: Logische Ebenen
Mit dieser Übung können Sie ein Thema aus der Perspektive der logischen Ebenen betrachten. Legen Sie Zettel mit den einzelnen logischen Ebenen der Reihe nach auf dem Boden aus. Stellen Sie sich zuerst auf den Zettel Umfeld und betrachten Sie das Thema aus der Perspektive des Umfeldes. Gehen Sie weiter auf den Zettel Verhalten und betrachten Sie das Thema aus der Perspektive Ihres Verhaltens usw. Nachdem Sie das Thema aus der Sicht der Zugehörigkeit betrachtet haben, können Sie den Weg die einzelnen Ebenen zurück gehen und das Thema ein zweites Mal aus der Perspektive der einzelnen logischen Ebenen betrachten.

Die Zeiten Vergangenheit, Gegenwart und Zukunft berücksichtigen
Man kann neue Ideen und Einsichten gewinnen, indem man bei einem Thema die verschiedenen Zeiten Vergangenheit, Gegenwart und Zukunft berücksichtigt.

Bei einigen politischen Entscheidungen wurden die Auswirkungen in der Zukunft zu wenig berücksichtigt. So wurde beim Bau der Atomkraftwerke die Entsorgung des Atommülls kaum bedacht.

Von der Zukunft aus zurückblicken
Man kann ein Thema von der Zukunft aus rückblickend betrachten und so neue Ideen bekommen. Man kann den Weg zu seinem Ziel aus der Perspektive des erreichten Ziels betrachten.

Von oben/unten, mit großem Abstand

Oft kommt man auf neue Ideen, wenn man ein Thema aus der Froschperspektive betrachtet oder von oben. Man kann ein Thema auch mit immer größer werdendem Abstand betrachten, aus dem Weltall.

Von vorne nach hinten und umgekehrt

Man kann einen Roman von vorne schreiben, von der ersten Seite aus und chronologisch vom zeitlichen Beginn aus. Man kann ihn auch von hinten, von seinem Ende aus planen. Ein Science-Fiction-Autor sagte, er komme zu seinen Ideen, indem er sich überlegt, was die verrückteste, unwahrscheinlichste Situation ist, die er sich vorstellen kann. Wenn er eine Situation gefunden hat, überlegt er, wie es zu dieser Situation gekommen sein könnte.

Ich habe von einem Autor von Opern gehört, der vom, meist tragischen, Finale ausgeht, und überlegt, welche Zwischen-Höhepunkte es auf dem Weg zu dem tragischen Ende gegeben haben könnte. Damit hat er das Gerüst für seine Oper.

Alle Sinne nutzen

Man kann ein Thema mit allen Sinnen aufnehmen, man kann es anschauen, sich in das Thema einfühlen, sich Gedanken dazu anhören, sich überlegen, wie es schmeckt und wie es riecht.

Kunstwerke, die eine ungewöhnliche Perspektive einnehmen

Der Filmregisseur *Akira Kurosawa* betrachtet in seinem Film *Rashomon* einen Kriminalfall aus den verschiedenen Blickwinkeln der beteiligten Personen. Die rumänisch/schweizerische Autorin *Aglaja Veteranji* schildert in ihrem autobiographischen Roman *Warum das Kind in der Polenta kocht* das Leben im Zirkus aus dem Blickwinkel eines Kindes. *Pablo Picasso* sah in dem Sitz und dem Lenker eines alten Fahrrads einen Stierkopf und schuf so eines seiner bedeutendsten Plastiken.

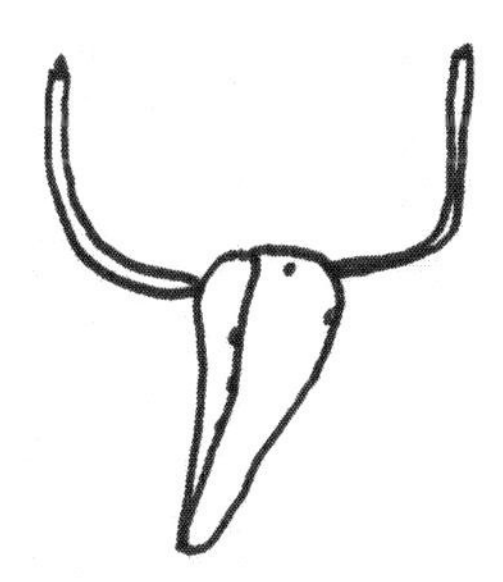

Marcel Duchamp stellte 1917 ein Urinal auf einen Sockel, signierte es, erhob es zu einem Kunstwerk und schuf so ein Schlüsselwerk der modernen Kunst.

Bei meinem ersten ‚Kunstwerk' ließ ich mich von Picasso inspirieren. Mit 13 Jahren nahm ich eine Mistgabel verkehrt herum in die Hand und sah darin einen Racheengel, wie von *Max Ernst* geschaffen.

Die Perspektive des Nicht-Wissens nutzen

Die Therapeuten *Milton Erickson* und *Moshé Feldenkrais* waren auch deshalb so genial, weil sie jeden Patienten unvoreingenommen wahrnahmen. Sie vergaßen erst einmal alles, was sie über Krankheiten wussten, und betrachteten jeden Patienten offen und naiv wie ein Anfänger. Es günstig, Dinge immer wieder neu und naiv wie ein Anfänger zu betrachten. So kommt man oft zu neuen Ideen und Einsichten.

Etwas umdeuten

Als Einstieg in diesen Abschnitt erzähle ich eine alte chinesische Geschichte. Ein Bauer besaß nur ein Pferd. Eines Morgens war sein Pferd weggelaufen. Seine Nachbarn kamen, um ihm ihr Mitgefühl auszudrücken: »Hast du ein Pech, deinen einzigen Besitz hast du verloren, das ist wirklich eine Tragödie!« Der Bauer antwortete: »Na ja, wer weiß.« Die Nachbarn schüttelten den Kopf über diese Dummheit: »Was gibt es da zu zweifeln, sein ganzer Besitz ist weg, wenn das kein Unglück ist!«

Am nächsten Tag kam das Pferd des Bauern zurück und brachte ein Wildpferd mit. Als sich die Kunde von diesem Ereignis im Dorf verbreitete, kamen seine Nachbarn, um ihm zu gratulieren: »Was hast du für ein Glück, über Nacht hat sich dein Besitz verdoppelt, du musst dich wirklich glücklich schätzen!« Der Bauer meinte nur: »Na ja, wer weiß.« Die Nachbarn schüttelten den Kopf und sagten: »Wie kann einer nur so verbohrt sein, wenn das nicht offensichtlich ist, so ein Glück, plötzlich ein zweites Pferd zu besitzen!«

Am nächsten Tag wurde der Sohn des Bauern beim Einreiten des Wildpferds zu Boden geschleudert und brach sich ein Bein. Wieder kamen die Nachbarn und bemitleideten den Bauern: »Was hast du für ein Pech. Gerade steht die Ernte an und dein einziger Sohn bricht sich ein Bein, das ist wirklich ein großes Unglück!« Der Bauer meinte wieder nur: »Na ja, wer weiß.« Die Nachbarn wunderten sich über den Starrsinn des Bauern: »Wie kann einer nur so dumm sein, es gibt doch kein größeres Unglück, als kurz vor der Ernte seinen einzigen Helfer zu verlieren!«

Am nächsten Tag brach Krieg aus im Land. Offiziere des Kaisers kamen und nahmen alle Söhne des Dorfes mit in den Krieg. Nur den verletzten Sohn des Bauern ließen sie bei seinen Eltern. Wieder kamen die Nachbarn und gratulierten dem Bauern: »Was hast du nur für ein Glück! Alle Söhne des Dorfes sind in den Krieg gezogen. Ob sie jemals zurückkommen, steht in den Sternen. Wer wird nun für ihre Eltern im Alter sorgen? Nur du als einziger im Dorf hast deinen Sohn behalten. Du bist wirklich ein Glückspilz!« Der Bauer antwortete wieder nur: »Na ja, wer weiß.«

Ich will mit dieser Geschichte zeigen, dass wir oft einem Ereignis vorschnell eine positive oder negative Bedeutung zumessen. Ein Ereignis für sich ist weder positiv noch negativ. Wir machen es erst durch unsere Sichtweise und den Namen, den wir dem Ereignis geben, zu etwas Positiven oder Negativen. Wie sagte *Karl Valentin* so schön: »Jedes Ding hat drei Seiten, eine positive, eine negative und eine komische.«

In einem Glas ist Wasser. Die Sichtweise und die Wortwahl bestimmen, ob wir es als halb leer oder als halb voll betrachten. Ich habe schon das Beispiel von den beiden Kollegen angeführt, die arbeitslos wurden. Für beide ist das Ereignis das Gleiche. Nur sieht und bezeichnet der eine es als Beweis für sein Versagen, der andere als eine Chance, eine Herausforderung. Die verschiedene Art der Wahrnehmung und der Benennung führen dazu, dass *der* Kollege, der seine Arbeitslosigkeit als Chance sieht, sich anders fühlen wird. Er wird mehr Kraft und Zuversicht haben. Er wird mehr Möglichkeiten wahrnehmen und damit mehr Wahlmöglichkeiten zur Verfügung haben. Er wird letztlich anders handeln.

Epiktet sagte: »Nicht die Geschehnisse selbst stören einen, sondern die Meinungen, die man über diese Geschehnisse hat.« Es ist günstig zu unterscheiden zwischen der Erfahrung selbst und unserer Beurteilung dieser Erfahrung. Wenn man ein Ereignis aus einem anderen Blickwinkel betrachtet, es in einen anderen Rahmen stellt, verändert es seine Bedeutung. Mit der anderen Sichtweise, der anderen Bedeutung, ergeben sich neue Möglichkeiten zu handeln. Man kann einem Ereignis auf zwei Arten *einen anderen Rahmen geben,* indem man ihm eine andere *Bedeutung* gibt und indem man dafür einen anderen *Kontext* findet.

Eine andere Bedeutung geben

Bevor man einem Ereignis, einem Gefühl oder einem Verhalten vorschnell eine negative Bedeutung gibt, ist es oft sinnvoll, sich zu überlegen, welche positive Bedeutung dieses Ereignis haben könnte. Ein paar Beispiele:

Jemand beschwert sich darüber, dass sein Chef ihn so oft kritisiert. Dies könnte bedeuten, dass der Chef großes Interesse an ihm hat.

Eine Mutter jammert, dass ihr Kind so ungestüm und laut ist. Man könnte das Verhalten des Kindes als lebendig und energiegeladen betrachten.

Eine Freundin jammerte am Bahnhof, dass sie umsteigen müsse, sie fahre lieber Nonstop. Ich sagte: »Du kannst heute sogar zweimal Nonstop fahren!« Sie musste lachen.

Man kann Fehler als Lernerfahrungen nehmen, Lampenfieber als Vorfreude und freudige Erregung betrachten.

Wenn Sie sich als Reaktion auf ein Ereignis schlecht fühlen, können Sie überlegen, ob Sie für das Ereignis eine positive Bedeutung finden können. Die Fähigkeit, unerwünschte Ereignisse mit anderen Augen zu betrachten, kann erstaunliche Veränderungen in Ihrem Leben bewirken. Nicht nur bei Verhandlungen kann diese Fähigkeit nützlich sein. Das Umdeuten erschließt neue Sichtweisen, neue Wahlmöglichkeiten, bringt Leben in erstarrte Denk- und damit auch Handlungsstrukturen.

Einen anderen Kontext finden

Die zweite Art des Umdeutens besteht darin, dass man für ein unerwünschtes Verhalten einen Kontext sucht, in dem es angemessen ist. Anstatt ein Verhalten zu unterdrücken, kann man überlegen, in welchem Kontext es sinnvoll ist, und sicherstellen, dass man es nur noch in diesem Kontext anwendet. Aggressivität kann sinnvoll sein, wenn man bedroht wird. Angst kann vor gefährlichen Situationen warnen.

Wenn Sie unzufrieden sind mit einem Gefühl, einem Charakterzug oder einem Verhalten, können Sie sich fragen, ob diese Eigenart in einem bestimmten

Kontext angebracht ist. Sie können Geiz als Sparsamkeit betrachten.

Ein Vater beschwert sich bei einer Therapeutin über seine starrköpfige Tochter. Die Therapeutin sagte: »Wenn ein Mann schlechte Absichten hat, ist es gut, dass Ihre Tochter gelernt hat, starrköpfig zu sein, dass sie Nein sagen kann.«

Meist kann man ein unerwünschtes Verhalten leichter ändern, wenn man es mit einem Kontext verbindet, in dem es angebracht ist, als wenn man versucht, es zu unterdrücken.

Augenbewegungsmuster nutzen

Man kann an den Augenbewegungen erkennen, in welchem Wahrnehmungssystem ein Mensch sich im Moment Informationen zugänglich macht. Die Bewegungen unserer Augen reflektieren unsere Denkstrategien.

Bei Rechtshändern ist es normalerweise so (bei Linkshändern ist es seitenverkehrt). So sehen Sie Ihr Gegenüber:

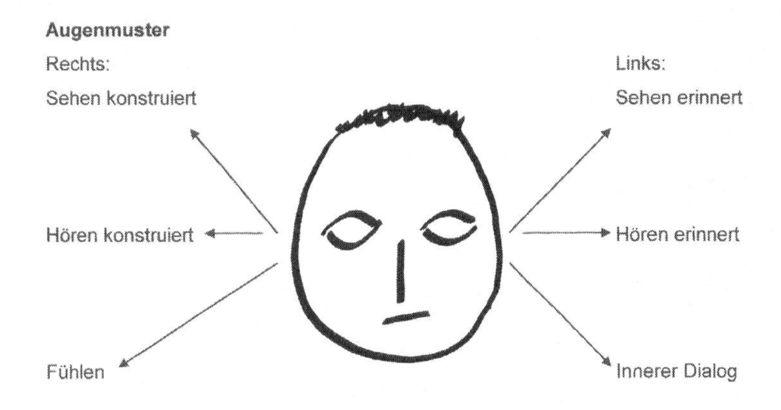

Ein Blick nach oben deutet auf innere Bilder hin. Wer nach links oben blickt, erinnert sich an ein Bild, zum Beispiel an die Farbe seines ersten Autos. Wer nach rechts oben blickt, konstruiert ein Bild, zum Beispiel, wie eine Kreuzung von Elefant und Giraffe aussehen würde. Wer gerade vor sich ins Leere blickt, macht sich auch innere Bilder.

Ein Blick in Augenhöhe nach links oder rechts deutet auf innere Töne hin. Wer in Augenhöhe nach links blickt, erinnert sich an Töne, etwa an den Klang seiner Hupe. Wer in Augenhöhe nach rechts blickt, konstruiert innerlich Töne. Zum Beispiel, wie die *Beatles* ein Weihnachtslied singen würden.

Ein Blick nach links unten deutet auf einen inneren Dialog hin, auf ein Selbstgespräch.

Ein Blick nach rechts unten deutet auf ein Gefühl hin.

Die obigen Angaben sind ein vereinfachtes Schema. In der Praxis ist es oft nicht so einfach. Wenn ich jemanden nach seiner Lieblingsmusik frage, kann es sein, dass er nach links oben blickt, weil er sich das Bild auf dem CD-Cover zugänglich macht.

Ich gebe ein Beispiel für die Nutzung der Beobachtung der Augenbewegung. Ein Klient meinte, er habe noch nie eine positive Erfahrung mit Teams gemacht. Ich frage ihn, ob er sich ein Team vorstellen könne, das gut zusammenarbeitet. Der Klient blickte nach links oben und sagte, er könne sich das nicht vorstellen. Ich wunderte mich nicht, denn er machte sich seine negativen Erinnerungen mit Teams zugänglich, als er nach links oben (zu seiner Erinnerung) schaute. Ich machte eine fahrige Geste mit meiner Hand nach oben zu seiner rechten Seite (zu der Seite der Fantasie) und fragte ihn: »Können Sie sich wirklich nicht vorstellen, einmal in einem Team zu arbeiten, in dem sich alle unterstützen?« Der Klient folgte mit seinen Augen der Bewegung meiner Hand nach rechts oben und meinte: »Komisch, jetzt kann ich es mir doch vorstellen.«

Man kann die Augenbewegungsmuster nutzen, um in einen kreativen Zustand zu kommen. Als Rechtshänder kann man nach rechts oben schauen, um Zugang zu seiner visuellen Fantasie zu bekommen. Man kann nach rechts schauen, um sich Töne und Melodien vorzustellen. Und man kann nach links unten schauen, um Zugang zu seinem inneren Dialog zu bekommen.

Verschiedene Elemente verschmelzen

Man kann Neues erschaffen, indem man verschiedene Elemente oder Kulturen vereint. *Charles Aznavour* vereinte die armenische und die französische Musik, *Georges Moustaki* die griechische und die französische, *Carlos Santana* die südamerikanische Musik mit dem Rock. Der Musiker *Brian Eno* meint: »Rock'n' Roll ist ja nichts anderes als europäische Folk Musik mit afrikanischer Synkopierung.«

Johannes Gutenberg erfand die Druckerpresse als eine Kombination von Weinpresse und Münzprägestempel. Ich habe von einem Erfinder gehört, der in seiner Vorstellung durchsichtige Bilder von verschiedenen Gegenständen übereinanderlegt und sich überlegt, wie er diese Gegenstände verbinden kann.

Ins Gegenteil gehen

Wenn man bei einer kreativen Arbeit festgefahren ist, hilft es oft, ins Gegenteil zu gehen. Ein Beispiel: Mein Vater war Architekt und Künstler. Freunde meines

Vaters fragten mich oft, ob ich auch so künstlerisch begabt sei wie mein Vater. Ich fühlte mich dadurch unter Druck gesetzt. Bis zu meinem 35. Lebensjahr traute ich mich nicht, ein Bild zu malen. Dieser Druck verschwand, als ich in einer Kreativgruppe ein hässliches Bild malen sollte. Da traute ich mich, ein Bild zu malen. Das Bild ist auf dem Umschlag meines Anekdotenbandes *der Rabel* zu sehen.

Authentisch sein, zu sich selbst stehen

Ich mag Backsteinmauern, Holzwände und Tapeten. Was ich nicht mag, sind Tapeten, die vortäuschen, Backsteinmauern oder Holzwände zu sein. Ich mag keine Bildschirme, die vorgeben, ein Kaminfeuer zu sein. Der Therapeut *Fritz Perls* sagte: »Tausend Plastik-Blumen lassen keine Wüste blühen.« Ich halte es nicht für kreativ, wenn jemand durch eine Haartransplantation versucht, ein anderer Mensch zu werden.

Seine Schwäche zur Tugend machen

Um seine Kreativität zu stärken, kann man seine Schwächen als Stärken nutzen. Man kann aus der Not eine Tugend machen. Die große Musikerin *Grace Jones* zitiert die große *Édith Piaf*: «Use your faults, use your defects, then you will be a star!" (Nutze deine Fehler, nutze deine Schwächen, dann wirst du ein Star!)

Franz Kafka verfügte als Deutscher in Prag über einen beschränkten deutschen Wortschatz. Andere deutschsprachige Prager Schriftsteller versuchten, dieses Manko zu überspielen, indem sie in Wörterbüchern nach interessant klingenden Worten suchten. Kafka dagegen nutzte seine Schwäche, indem er mit seinem beschränkten Wortschatz besonders klar und intensiv schrieb. Blinde verstärken oft ihre Hörfähigkeiten.

Ich selbst habe die Schwäche, dass ich langsam denke und es mir schwerfällt, Abstraktes zu verstehen. Ich nutze diese Schwäche, um möglichst einfach, anschaulich und praxisnah zu sprechen und zu schreiben.

Seine kreative Nische, seinen Stil, seine künstlerische Handschrift finden

Für Künstler ist es günstig, wenn sie ihren Stil, ihre kreative Nische, ihre künstlerische Handschrift finden. Am besten ist, wenn die Nische ihren Anlagen und ihren Vorlieben entspricht. So ist für den Filmkomponisten *Hans Zimmer* die Verbindung zwischen Computer und Musik die Nische, in der sich sein kreatives Potential entfaltet. Wenn man seine kreative Nische gefunden hat, werden ungeahnte Kräfte freigesetzt. Bei der Suche nach seiner kreativen Nische kann man die verschiedensten Bereiche ausprobieren und seine Intuition nutzen. In meinem Buch *Praxisbuch Entscheidungen* behandle ich, wie man Zugang zu seiner Intuition finden kann.

Neues, Unbekanntes wagen

Für Künstler ist es günstig, sich immer weiter zu entwickeln, etwas zu riskieren, ihre Grenzen auszuweiten. *Miles D*avis meinte, er wolle, dass seine Musiker über sich selbst hinauswachsen. Es sei ganz einfach: Wenn man einem Musiker sagt, er solle etwas spielen, das außerhalb seines üblichen Repertoires liege, könne er das auch - er müsse nur umdenken. So entstehe große Kunst und große Musik.

Jedes Mal so handeln, als wäre es das letzte, das man im Leben tut

Der Pianist *Keith Jarrett* rät seinen Studenten, jedes Mal so zu spielen, als wäre es das letzte, das sie in ihrem Leben täten (if you're going to play, play like it's the last time).

Das Wissen über unsere Sterblichkeit macht das Leben intensiv und lebendig. Wenn wir unendlich viel Zeit zur Verfügung hätten, würden wir wahrscheinlich mehr Dinge aufschieben. Wenn wir uns unserer Sterblichkeit bewusst sind, wird unser Leben intensiv und stark.

In verschiedenen Bereichen kreativ werden

Viele bekannte Künstler waren oder sind in verschiedenen Bereichen kreativ. *John Lennon* hat auch gezeichnet.

Wenn ein Künstler in verschiedenen Metiers aktiv ist, besteht die Gefahr, sich zu verzetteln. Gleichzeitig kann die Beschäftigung mit anderen Gebieten zu Inspirationen, zu neuen Perspektiven und Erkenntnissen führen.

Es einfach halten, auswählen, weglassen

Der Schriftsteller *Antoine de Saint-Exupéry* meinte: »Die Vollkommenheit besteht nicht darin, dass man nichts mehr hinzufügen kann, sondern darin, dass man nichts mehr weglassen kann.« Ein Beispiel für das Beschränken auf das Allernötigste ist die *Edward Gorey* nachempfundene Zeichnung:

Ein Glas genügt Gorey, um einen Tisch zu zeichnen. Der Maler *Anselm Feuerbach* sagte: »Stil ist richtiges Weglassen des Unwesentlichen.« Der Musiker *Lenny Kravitz* meint: »Pures, reduziertes Design finde ich ansprechend.« Der Musiker *Eric Clapton* sagt über den Blues: »It's not what you play, it's the notes you don't play.« (Es dreht sich nicht um das, was du spielst, sondern um die Noten, die du nicht spielst). Der Miterfinder des *Design Thinking David Kelley* meint: »Aus meiner Sicht muss man stets fragen, was die einfachste Lösung ist: die schönste, schlichte.«

Der Designer *Jony Ive*, der viel für *Apple* gearbeitet hat, meint: »Wenn man möchte, dass etwas keine Schrauben hat, kommt möglicherweise am Ende ein sehr verschachteltes Produkt dabei heraus. Man muss das Wesen eines Produkts ganz und gar verstehen, damit man dazu in der Lage ist, die nicht wesentlichen Teile loszuwerden.«

Als der zweifache Chemie-Nobelpreisträger *Linus Pauling* gefragt wurde, wie er es geschafft habe, mehrere bahnbrechende Entdeckungen in seinem Leben zu machen, sagte er: »Wer gute Ideen suche, müsse möglichst viele haben und die schlechten verwerfen.«

Der Keyboarder *Flake* schildert seinen Beitrag für die Musik von *Rammstein* etwas untertreibend so, dass er während des Entstehens eines Songs die Musik beeinflusst, in neun von zehn Fällen aber die von ihm gespielten Spuren am Ende wieder löscht.

Charlotte von Stein schrieb an *Goethe*: »Entschuldige meinen langen Brief, für einen kurzen hatte ich keine Zeit.« Ein Großteil der Arbeit eines Schriftstellers besteht darin, Unnötiges wegzulassen. Die Schriftstellerin *Colette* sagte dem jungen *Simenon*: »Alles Literarische weglassen!«

Das Gegenteil des Einfachen, Schlichten ist Pathos. Der Künstler *Erwin Wurm* meint: »Pathos, das ist Unterdrückung nach dem Motto: Ich zerstampfe euch mit meiner Größe.« Unten folgt eine Übung, bei der man lernen kann, ein Foto so zu beschneiden, dass nur noch das Wesentliche übrigbleibt.

Übung: Fotos Ausschnitte finden
In dieser Übung kann man lernen, das Wesentliche eines Fotos zu finden. Nehmen Sie 4 weiße Blätter und verkleinern Sie damit den Ausschnitt von Fotos so weit, bis nur noch das Wesentliche übrigbleibt.

Ich habe gehört, dass in einer großen Firma Vorschläge maximal eine Seite lang sein dürfen. Das zwingt die Mitarbeiter dazu, sich klar auszudrücken. Auf zehn Seiten kann man seine Unklarheit leicht hinter einem Schwall von gut klingenden Phrasen verstecken. Auf einer Seite ist das schon schwerer.

Eine Statue aus dem Marmor befreien
Als *Michelangelo* die Statue des David schuf, stellte er sich vor, dass der fertige David schon in dem Marmorblock schlummere, in ihm gefangen sei, und er die Figur nur noch aus ihrem Gefängnis befreien müsse.

Leichter Zeitdruck
Während starker Druck oft zu Anspannung führt und die Kreativität behindert, kann leichter Zeitdruck die Kreativität anregen. Ein Beispiel: *Charlie Chaplin* hatte nur wenig Zeit, um im Fundus ein Outfit für einen Kurzfilm zu finden. Er kam nach ein paar Minuten als Tramp zurück samt Hut, Stock und zu großen Schuhen. Leichter Zeitdruck kann verhindern, dass man zu lange nachdenkt. Unten folgt eine Übung aus der Theaterimprovisation, bei der man nur wenig Zeit hat. Ich habe die Erfahrung gemacht, dass so die besten Ideen kommen.

Übung: Theaterimprovisation zu einem Satz
Jemand aus dem Publikum ruft einen Satz wie: Die Luft ist heiß. Ein weiterer Zuschauer ruft einen zweiten Satz wie: Der Stuhl ist hart. Die Darsteller sollen sofort aus diesen beiden Sätzen *einen* Satz formen. Bei diesem Beispiel war es: Die Luft ist hart. Die Darsteller hatten eine Minute Zeit, um sich zu überlegen, was sie spielen. Es kam folgende Szene heraus: Die Darsteller kommen auf die Bühne, gehen durch den Raum und stoßen gegen den unsichtbaren harten Widerstand der Luft. Verärgert über die Härte der Luft drängen die Darsteller mit vereinten Kräften die harte Luft aus dem Raum, verschließen hinter der harten Luft die Tür, gehen befreit von der harten Luft in den Raum und ... ersticken.

Ich war bei der Entstehung dieser kleinen Szene beteiligt. Ich denke nicht, dass uns eine so tiefsinnige Geschichte bei zwei Tagen Nachdenkens eingefallen wäre. (Variante: zu drei Wörtern improvisieren)

Sich absichtlich einschränken

Es ist paradox, Einschränkungen regen die Kreativität an. Die Einschränkung des Stummfilms, ohne Ton zu arbeiten, führte zu einer Blüte der Pantomime und des nonverbalen Agierens über Mimik und Gestik.

Der Zwang, dem Verbot durch die Zensur zu entgehen, führte in der DDR zu vielen kreativen Wegen, die Kritik am System versteckt mitzuteilen, damit das Publikum es verstand, die etwas plumpe Zensur aber nicht.

Fotos und Filme in Schwarzweiß haben eine besondere Note. Einschränkungen regen die Fantasie an.

Eingespielte neurologische Abfolgen nutzen

Der Regisseur *Werner Herzog* erzählt in seinem Buch *Vom Gehen im Eis* eine interessante Geschichte. Sein Großvater besuchte seine Schwester, legte sich ins Bett und blieb 42 Jahre lang liegen. Seine Frau besuchte ihn einmal in der Woche und zeigte ihm seine Stiefel. Eines Tages kaufte sie ihm neue Stiefel. Der Großvater war neugierig, ob ihm die Stiefel passen, zog sie an, stand auf und ging mit der Großmutter mit.

Was brachte den Großvater dazu, nach 42 Jahren aufzustehen? Die Stiefel anzuziehen fiel ihm leicht. Und in seinem Gehirn war die Routine gespeichert, nach dem Anziehen der Stiefel aufzustehen und aus dem Haus zu gehen. Also stand er nach dem Anziehen der Stiefel automatisch auf und ging aus dem Haus.

Man kann solche eingespielten neurologischen Abfolgen nutzen, um neue Dinge zu erproben. Der Neurologe *Oliver Sacks* erzählt folgende Geschichte: Er hatte nach einem Unfall verlernt, eines seiner Beine zu bewegen. Sein Arzt brachte ihn dazu, ein Schwimmbad zu besuchen. Dort stieß ihn der vom Arzt instruierte Bademeister ins Schwimmbecken. Kaum war Oliver Sacks im Becken, bewegten sich seine Beine automatisch wieder.

Das nächste Beispiel handelt von einem *Autisten.* Es gibt Autisten, die jahrelang in der Psychiatrie sitzen und auf nichts reagieren, sie sind gleichsam in sich selbst eingeschlossen. Ein Krankenpfleger brachte einen solchen Autisten im Aufzug zu einer Untersuchung. Der Krankenpfleger langweilte sich und übte ein paar Boxtechniken, da er in seiner Freizeit boxte. Da fiel dem Krankenpfleger auf, dass sein Patient kaum merklich auf die Boxtechniken reagierte. Der Krankenpfleger fand heraus, dass der Patient früher Boxer war. Boxer trainieren die Reaktion auf Angriffe, bis sich Nervenverbindungen gebildet haben, die zu einer automatischen Reaktion führen. Der Krankenpfleger holte seinen Patienten in erstaunlich kurzer Zeit mit Hilfe dieser automatisierten Reaktionen aus dem in sich verschlossenen Zustand heraus.

Von hinten nach vorne gehen

Manchmal ist es bei kreativer Arbeit günstig, von hinten nach vorne zu gehen. Wer auf einen Berg steigen will, zweifelt manchmal aus der Perspektive des Tals daran, den Gipfel zu erreichen, weil er einen engen, begrenzten Blick hat. Wenn er aus der Perspektive des schon erreichten Gipfels auf den Weg zurückschaut, hat er einen weiten Blick, er zweifelt nicht mehr am Gelingen der Aufgabe. Es fallen ihm auch Einwände ein wie: Habe ich noch genug Zeit und Kraft für den Rückweg? Diese Einwände kann er berücksichtigen. Wenn ich aus der Perspektive des erreichten Zieles nach Ideen suche, wie ich das Ziel erreichen kann, fallen mir viele neue Ideen ein.

Klischees vermeiden

Große Künstler vermeiden Klischees, Phrasen oder Bilder, die so oft verwendet wurden, dass sie abgedroschen und hohl sind. *Alfred Hitchcock* meinte, er vermeide Gemeinplätze, Klischees, »das feuchte Pflaster, das ewige Bild der leeren Straße, durch die eine alte Zeitung fliegt.« Ich vermeide Ausdrücke wie *die Seele baumeln lassen*. Ich vermeide auch Modewörter. Viele wollen mit Modewörtern Eindruck schinden.

Große Künstler sind nicht abhängig von der Meinung und dem Geschmack der Masse. Gleichzeitig sind sie fähig, aus Rückmeldungen zu lernen. Sie bleiben sich selbst treu.

Um den Unterschied zwischen einer klischeehaften Darstellung und einer authentischen Darstellung zu erfahren, können Sie sich die Darstellung des Mittelalters in dem Film *der Name der Rose* und in dem Film *Andrej Rubljow* von *Andrej Tarkowski* vergleichen. Der Film von Tarkowski zeigt die härtesten und die schönsten Szenen, die ich je in einem Film gesehen habe; er zeigt ein ungeschminktes Bild des Mittelalters und als Metapher ein Bild der Sowjetunion unter Stalin.

Witz und Humor nutzen

Humor und Witze können bei der kreativen Arbeit hilfreich sein. Eine humorvolle Lebenseinstellung kann helfen, seine Ziele besser zu erreichen. Wer Probleme und Rückschläge auf dem Weg zu seinem Ziel zu ernst nimmt, kann in den Problemen stecken bleiben. Humor eröffnet neue Einsichten und neue Wege. Dies bedeutet nicht, dass man Probleme mit Witzchen ignorieren sollte. So schwelen sie untergründig weiter und verschlimmern sich. Es bedeutet, mit Humor den Problemen die Schwere zu nehmen. Sie sind so leichter zu lösen. Wie heißt es so schön: Die Situation ist hoffnungslos, aber nicht ernst.

Humor bedeutet, liebevoll über eigene und fremde Schwächen lächeln zu können. Wer über seine eigenen Grenzen und Schwächen lächeln kann, kann sie leichter überwinden. Über sich selbst lachen zu können, ist ein Zeichen von Reife. Dagegen kostet es unnötig Energie, sich zwanghaft den Anschein von Seriosität und Ernsthaftigkeit zu geben. Menschen, deren Autorität nicht aufgesetzt ist, sondern von innen kommt, können auch über ihre Schwächen lachen.

Der Dalai-Lama sagt, er findet es großartig, wenn Menschen lachen, es bringe sie auf neue Ideen. Der Dalai-Lama selbst kann wie ein Kind lachen.

Bei Witzen werden die Erwartungen des Hörers oder Lesers durch eine unerwartete Wendung enttäuscht, zum Beispiel durch die Doppelbedeutung eines Wortes. Mein Lieblingswitz ist folgender: Ein Mann kommt zu einem Kiosk und schreit: »Ich will eine Schokolade!« Der Kioskbesitzer meint: »Sie brauchen nicht zu schreien, ich bin ja nicht taub! Was für eine wollen Sie haben, mit oder ohne Filter?«

Witze ähneln in ihrer Struktur der Kreativitätstechnik *Zufallswort* von *de Bono*, bei denen man den gewohnten Weg verlässt und eine unerwartete Wendung nimmt. *De Bono* meint: »Humor ist die bedeutendste Fähigkeit des menschlichen Gehirns, viel bedeutender als Vernunft. Normalerweise gehen wir den Hauptweg von A nach B entlang. Beim Humor werden wir, beispielsweise durch die Doppelbedeutung eines Wortes, direkt auf den Seitenpfad und zu dessen Endpunkt abgelenkt.«

Satire

Die bayerische Gruppe *Haindling* wollte mit ihrem Song »*Bayern samma mia*« die Wiesnhits veräppeln. Und was passierte? Der als Satire gedachte Song wurde zum Wiesn-Hit.

Eine Pause machen, ein Thema überschlafen

Bei kreativer Arbeit kann es günstig sein, Pausen zu machen oder ein Thema zu überschlafen. Das Unterbewusste beschäftigt sich dann weiter mit dem Thema. Wenn mir beim Schreiben ein Wort nicht einfällt, mache ich ein paar Pünktchen und gehe am nächsten Tag den Text nochmal durch. Meistens fällt mir dann sofort etwas ein. Der Neuroforscher *Martin Korte* meint: »Wenn ich den Auftrag für einen wichtigen Vortrag annehme, beschäftige ich mich kurze Zeit intensiv mit dem Thema. Dann lasse ich es sacken. Ich kann sicher sein, dass mein Gehirn daran weiter arbeitet - auch ohne mein aktives Zutun.«

Aufschieben

Hans-Peter Erb meint: »Aufschieben! Unterbrechen Sie die Arbeit an neuen Ideen ganz bewusst, bevor sie endgültig abschließen. Auszeiten aktivieren das Querdenken und schaffen Zeit, Ideen reifen zu lassen.« Wenn man eine Arbeit sofort erledigt, ergibt sich meist eine lineare Lösung. Wenn man sich eine Pause nimmt oder das Thema überschläft, kommen oft originellere Ideen.

Bei Routineaufgaben ist Aufschieben ungünstig. In der Zeit, in der ich darüber nachdenke, dass ich den Müll rausbringen müsste, kann ich ihn auch rausbringen. Wie heiß es so schön: Warum etwas auf morgen verschieben, das man auch auf übermorgen verschieben kann? Bei kreativer Tätigkeit kann Aufschieben sinnvoll sein.

Umgang mit Störungen und Unterbrechung

Vielen fällt es schwer, nach einer Unterbrechung wie einem Telefonanruf zu ihrer kreativen Tätigkeit zurückzufinden. Was kann man da tun? Ich kann, wenn das Telefon klingelt, kurz innehalten, mir bewusstmachen, was ich gerade sehe, höre und fühle, wie meine Körperhaltung ist und was ich als Nächstes machen will. Und ich merke mir diese Bestandsaufnahme des jetzigen Moments. Dann wende ich mich dem Anruf zu. Wenn der Anruf beendet ist, erinnere ich mich an die Bestandsaufnahme vor der Störung, begebe mich in die Körperhaltung vor der Störung und fahre mit der kreativen Tätigkeit fort.

Zum Abschluss kommen

Auch wenn man die Arbeit an einem kreativen Projekt liebt, irgendwann ist es nötig, loszulassen und das Projekt abzuschließen. Nach neun Monaten sollte ein Baby auf die Welt kommen, sonst wird es gefährlich für die Mutter und das Baby. Ein Buch sollte man irgendwann abschließen, auch wenn es nie perfekt ist.

Nach der Fertigstellung eines Werks

Viele Künstler fühlen sich nach der Fertigstellung eines Werks ausgebrannt. *Simenon* stürzte nach der Fertigstellung eines Romans ein paar Tage in eine Depression. Viele Künstler befinden sich während der kreativen Arbeit in einer anderen Welt, zum Beispiel in der Welt ihrer Romanfiguren. Sie brauchen nach Beendigung des Romans Zeit, wieder zu sich selbst zurückzukehren.

Andere Künstler fragen sich nach der Beendigung eines Werks: Wozu die Anstrengung, was jetzt? Sie können sich bewußt machen, dass der Zweck der künstlerischen Arbeit nicht Ruhm, Anerkennung oder Reichtum ist, sondern die Freude an der kreativen Arbeit im Moment der Erschaffung des Werks.

14. Kreatives aufnehmen

Es ist günstig, kreative Werke von anderen anzuhören, anzuschauen usw. Wenn wir Kreatives aufnehmen, kommen wir in einen kreativen Zustand. Die *Rolling Stones* machen sich vor einem Konzert heiß, indem sie anregende Musik von anderen Gruppen hören.

Wir können andere Künstler als Modell nehmen. Der Gitarrist *Joe Louis Walker* meint: »Wenn du B. B. King hörst, hast du die Hoffnung, dass du eines Tages auch so spielen kannst - das ist Inspiration.«

Die Beschäftigung mit Kunstwerken schärft unser Gefühl für Qualität und wir bekommen Anregungen. Kreative Menschen bauen auf eine lange Reihe von Vorgängern auf.

Meine Lieblingskünstler

Ich bringe nun Listen meiner Lieblingskünstler. Bitte verzeihen Sie mir, wenn ich ihre Lieblingskünstler nicht aufgeführt habe. Diese Listen erheben keinen Anspruch, vollständig zu sein, sie sind subjektiv. So habe ich zum Beispiel keinen Zugang zu chinesischer Musik und zu Opern. Manche Musik verbinde ich mit unangenehmen Erinnerungen. Andere Musik habe ich zu oft gehört. Das sagt nichts aus über die Qualität der Künstler, sondern etwas über meine persönliche Beschränktheit. Ich will ein paar Anregungen geben. Vielleicht finden Sie ein paar Künstler, die Sie bisher noch nicht kannten. Ich wundere mich, wie viele Menschen *Charlie Chaplin*, *Buster Keaton, Ray Charles* oder die *Beatles* nicht kennen. Künstler, die ich besonders mag, sind fett gedruckt. Wenn ich einen Künstler nenne, bedeutet das nicht, dass ich alle seine Handlungen gut finde.

Musiker

2Cellos, Aaron Neville, Afrika Bambaataa, Al Di Meola, Al Green, Al Jarreau, Al Stewart, Albert Hammond (It never rains in southern California), Albert King, Alexandra (mein Freund der Baum), Alicia Keys, Ali Farka Touré, Alison Moyet, Allen Toussaint, Allman Brothers Band, Amadou & Mariam, America, Anastacia, Ann Nesby, Annie Lennox, Antonio Carlos Jobim, **Aretha Franklin**, Arthur Alexander, Astrud Gilberto, Avicii, **Aynsley Dunbar Retaliation,** Barbra Streisand, **B. B. King, Beatles,** Beach Boys, Beautiful South, Bebel Gilberto, Bee Gees, Ben E. King, Benjamin Clementine, Beth Hart, Bettina Wegner, Big Mama Thornton, Bill Haley, Bill Withers, Billy Childs, Billy Joel, Blind Faith, Keb' Mo', Bo Diddley, Bobby Bland, Bob Dylan, Bob Telson, Bobby McFerrin (don't worry ..), Bobby Vinton (blue Velvet), Bonnie Raitt, Booker

T. & the M.G.'s, Boz Scaggs, Brian Eno, Bruce Willis, Bryan Adams, Bryan Ferry, **Buddy Guy**, Buddy Holly, Buena Vista Social Club, Buffalo Springfield, Bulat Okudschawa, Cameron Graves, Canned Heat, Carl Perkins (Blue Suede Shoes), Carla Thomas, Carlos Santana, Carly Simon (You're so Vain), Cat Stevens, CCR, Charles Aznavour, Charles & Eddy, Charles Bradley, Charlie Chalmers, Chemical Brothers, Cher, Chet Atkins, Chet Baker, **Chicken Shack (I'd Rather Go Blind),** Chicago, Chris Bell, Chris Botti, Chris Farlowe, Chris Isaak, Chris Rea, Christina Aguilera, Christine Perfect (McVie), Christopher Cross, Chuck Berry, Cilla Black, Clarence Carter, Clarence Clemons (into the blue forest), Clarence Gatemouth Brown, Clash (London Calling), Claude Debussy (Images, gespielt von Arturo Benedetti Michelangeli), Claudia Emmanuela Santoso, Claudia Lennear, Colosseum, Comedian Harmonists, Commodores, Corrs, Craig Armstrong, Crazy World Of Arthur Brown (Fire), Crosby, Stills, Nash & Young, Curtis Mayfield, Daft Punk, Dave Brubeck & Paul Desmond (Take Five), David Bowie, Dawn Penn (You Don't Love Me), Derek Trucks, Deva Premal & Miten, Diana Ross, Dillinger (Cocaine), Dionne Warwick, Dire Straits, Dschivan Gasparjan, Don Bryant, Donny McCaslin, Donovan, Doobie Brothers, **Doors,** Dorothy Moore, Dr. John, Doyle Bramhall II, Dua Lipa, Duane Allman, Eagles, Earth Wind & Fire, **Edith Piaf,** Edwin Star (War), **El Hadra,** Ella Fitzgerald, Elvis Presley, Eric Burdon mit Animals & War, Eric Clapton, **Erik Satie (gespielt von De Leeuw),** Eros Ramazotti, Erykah Badu, Etta James, Eurythmics, Everly Brothers, Faith Hill, Falco, Fats Domino, Fanfare Ciocarlia, Flash & The Pan, Fleetwood Mac mit Peter Green, Four Tops, Franz Josef Degenhardt (Schmuddelkinder), Frank Sinatra, Frank Zappa (the torture never stops), Fred Wesley, Frédéric Chopin, Free, Gail Ann Dorsey, Gene Vincent, Geoff Muldaur, Georg Kreisler, George Benson, George Gershwin, George Michael, **George Moustaki,** Gerry & The Pacemaker (ferry cross the Mersey), Gerry Rafferty, Gladys Knight & The Pips, Glass Animals, Gnarls Barkley, Gordon Lightfoot (If You Could Read My Mind), Gossip, Gotye & Kimbra, Grace Jones, Grandmaster Flash, Gregory Porter, Grover Washington, **Haindling,** Hans Zimmer, Harry Belafonte, Heather Small, Hollies, Howlin' Wolf, Hubert Sumlin, Humble Pie, **Ian Dury,** Ideal, Iggy Pop, Ike & Tina Turner, Isaac Hayes, Isley Brothers, It's A Beautiful Day, Ivan Hajek, James Brown, James Cotton, Jan Delay, Janis Joplin, Jeannie C. Riley (Harper Valley PTA), **Jeff Beck**, **Jeff Buckley**, Jeff Healey, Jerry Lee Lewis, Jim Croce, Jimmy Dawkins, Jimi Hendrix, Jimmy Reed, **J.J. Cale,** Joan Armatrading, Joan Baez, Joan Jett, Joao Gilberto, Joe, Joe Bonamassa, Joe Cocker, Joe Perry, **Joe**

Zawinul (Erdäpfee Blues), Joey Alexander, John Coltrane, John Lee Hooker, John Lennon, John Mayall, Johnny Cash (Hurt), Johnny Guitar Watson, Jon Secada, Joni Mitchell, Jools Holland, José Feliciano, Josh Groban, Joss Stone, Joyce Sims, Judith Hill, Julie Driscoll & Brian Auger, Lulie London (cry me a river), Julio Iglesias, Katie Melua, KC & The Sunshine Band, **Keith Jarrett,** Kelly Clarkson, Kenny Rogers, Kiev Stingl, Kim Waters, King Curtis, Kingsmen (Louie Louie), Kinks, Klaus Hoffmann, Klaus Wiese, Kolbe & Illenberger, Kool & The Gang, Laid Back (Sunshine Reggae), Lana Del Rey, Lars Gullin, Latimore, Laura Nyro, Led Zeppelin, Lenny Kravitz, Leon Russel, Leona Lewis, **Leonard Cohen,** Leonid Utjossow, Levon Minassian, Lighthouse Family, Lionel Richie, Lisa Fischer, Lisa Stansfield, Little Richard, Little Walter, London Beat, Lou Reed, Louis Armstrong, Lovin' Spoonful, Ludwig Hirsch (Zartbitter), Ludwig von Beethoven, Luther Vandross, Lykke Li (I Follow Rivers), Lynyrd Skynyrd, M People & Heather Small, Mahalia Jackson, Mamas & the Papas, Manu Chao, **Maceo Parker (Children's World + Pass the Peas mit Prince),** Magic Slim, Marcin Patrzalek, Maria Daines, Marianne Faithfull, Marilyn Manson, Marla Glen, Marvin Gaye, **Mary J. Blige,** Matthews Southern Comfort (Woodstock), Maurice Chevalier (Oh! Cette Mitzi), MC5 (Kick Out ..), Melvin Taylor, Men at work, Merry Clayton, Mick Hucknall, Mikis Theodorakis (Zorbas), Miles Davis, Miles Mosley, Miley Cyrus, Miriam Makeba, Modest Mussorgski, Moody Blues, Mory Kanté, Mose Allison, Mr. President (Coco Jambo), Muddy Waters, Mighty Sam McClain, Nat King Cole, Neil Young, Nena, N.E.R.D., Nick Cave, Nile Rodgers, Nina Hagen Band, Nina Simone, Noah Sam, Norah Jones, Nortons, O'Jays, Ofra Haza, **Otis Redding, Ottmar Liebert,** Owen Campbell, Paco De Lucía, Al Di Meola & John McLaughlin, Paolo Conte, Patti Smith, Pat Metheny, Paul Weller, Paul Carrack, Peaches, Peggy Lee (Fever), Percy Sledge, Peter Cetera, Peter Gabriel, **Peter Green,** Pjotr I. Tschaikowski, Pink, Pharrell Williams, Phil Collins, Police, Popol Vuh, P.P. Arnold, **Prince**, Procol Harum, **Quadro Nuevo**, Rammstein, Randy Crawford, Raphael Saadiq, **Rascals (Groovin'), Ray Charles,** Renegates (Cadillac), Rihanna, Robert Wyatt, Roberta Flack, Robert Palmer, Roberto Di Gioia, Robin Trower, Rod Stewart, Roger Chapman, **Rolling Stones,** Roxy Music, Roy Orbison, Run DMC, Ry Cooder, **Sade,** Salvatore Adamo, Salt 'N' Pepa, Sam Cooke, Sammy Davis Jr. (Mr. Bojangles), Sasha, Savoy Brown, Scatman John, Sreamin' Jay Hawkins, Seal, Serge Gainsbourg, **Sergei Prokofjew (Sonata No 7, Swjatoslaw Richter, die 18:08 und die 17:51 Minuten lange Fassung bei YouTube),** Shakira, Sharon Jones, Shelby Lynne (Leavin'), Sidney Bechet, Simon & Garfunkel,

Simply Red, Sinéad O'Connor, Sister Sledge, Six Was Nine (Drop Dead Beautiful), Small Faces, Soft Machine, Solomon Burke, S.O.S. Band, Soul Brothers (Play That ..), Sly & The Family Stone, Snowy White, Solange Knowles, Sonny Boy Williamson II., Spencer Davis Group, Stan Getz, Steamhammer, Steely Dan, Stefan Gwildis, Steppenwolf, Steve Vai, **Steve Winwood,** Stevie Ray Vaughan, Stevie Wonder, **Sting**, Style Council, Sugar Hill Gang, Suzanne Vega, Taj Mahal, Tal Wilkenfeld, Talking Heads, Tamia, Tanita Tikaram (Twist In My Sobriety), Teddy Pendergrass, Temptations, Ten Years After, Terence Trent D'Arby, Terry Evans, Thomas Newman, Tim Buckley, Timmy Thomas, **Tina Turner,** Tom Petty, **Toni Braxton, Tony Joe White**, Toots Thielemans, Tracy Chapman, Traffic, Trio, Troggs, Udo Lindenberg (1973-75), Ulla Meinecke (Die Tänzerin), Us3, Vanilla Fudge, Vaya Con Dios, Velvet Underground, Walter Trout, **Wes Montgomery**, Wishbone Ash, Who, Willie Dixon, Wilson Picket, Wynton Marsalis, Yardbirds, Yello, Yoko Ono & Antony Hegarty, Youn Sun Nah, Youssou N'Dour & Neneh Cherry, Yuri Yunakov, Zombies (time of the season), Zucchero, ZZ Top

Maler und Zeichner

Francis Bacon, Georg Baselitz, Jean-Michel Basquiat, Hieronymus Bosch, Pieter Brueghel d. Ä., Wilhelm Busch, Jean-Baptiste Camille Corot, Honoré Daumier, Edgar Degas, Edward Gorey, Otto Dix, **Henri de Toulouse-Lautrec,** Francisco de Goya, Max Ernst, **Paul Gauguin**, **el Greco**, Olaf Gulbransson, Katsushika Hokusai, Edward Hopper, Horst Jannsen, Ilja Kabakow, Janosch, Gustav Klimt, Henri Matisse, Michelangelo, Claude Monet, Franz Marc, Joan Miró, Edvard Munch, Fritz Perls, Pablo Picasso, Camille Pissarro, Pierre-Auguste Renoir, Henri Rousseau, Auguste Rodin, Andrei Rubljow, Egon Schiele, Paul Klee, Wassily Kandinsky, Ernst Ludwig Kirchner, Ernst Maria Lang, Édouard Manet, René Magritte, Santiago Rusinol, Charles M. Schulz, Max Slevogt, William Turner, Giovanni Battista Tiepolo, Tintoretto, Tomi Ungerer, Vincent van Gogh, Jan Vermeer, Alexej von Jawlensky, Franz Defregger, Adolph von Menzel, Andy Warhol (besonders seine frühen Illustrationen), Maximilian Alexandrowitsch Woloschin, Michail Wrubel

Fotografen

Man Ray, **Diane Arbus**

Bildhauer
Michelangelo Buonarroti, **Niki de Saint-Phalle,** Max Ernst, Pablo Picasso, Tilman Riemenschneider, Ferdinand Dietz, Meret Oppenheim, Joseph Beuys

Architekten
Antoni Gaudí, Zaha Hadid

Regisseure
Pedro Almodóvar, Ingmar Bergman, Milos Forman, Alfred Hitchcock, John Huston, Jim Jarmusch, Akira Kurosawa, Sergio Leone, Marilyn Manson als Videokünstler, Eric Rohmer, Claude Sautet, Andrei Tarkowski, Francois Truffaut, Werner Herzog, Billy Wilder, Quentin Tarantino

Filme und ihre Regisseure:
Salaam Bombay! von *Mira Nair, Das Boot* von *Wolfgang Petersen, Alexis Sorbas* von *Michael Cacoyannis* mit *Anthony Quinn, Erin Brockovich* von *Steven Soderbergh* mit *Julia Roberts, Fanfan & Alexandre* von *Alexandre Jardin* mit *Sophie Marceau, Lohn der Angst* von *Henri-Georges Clouzot* mit *Yves Montand, Zeit des Erwachens* von *Penny Marshall* mit *Robert De Niro* und *Robin Williams* nach dem Buch von *Oliver Sacks, Kramer gegen Kramer* von *Robert Benton* mit *Dustin Hoffman* und *Meryl Streep, Buena Vista Social Club* von *Wim Wenders* mit *Ry Cooder, Die sieben Samurai* von *Akira Kurosawa, Der Schatz der Sierra Madre* von *John Huston* mit *Humphrey Bogart* und *Walter Huston* nach *B. Traven, Die fabelhafte Welt der Amélie* von *Jean-Pierre Jeunet* mit *Audrey Toutou, Der Feuerwehrball* von *Milos Forman, Schindlers Liste* von *Steven Spielberg, Andrej Rubljow* von *Andrei Tarkowski*, ein harter und schöner Film über das Mittelalter. Die Fernsehserie *Emergency Room* halte ich für die beste Darstellung des Lebens im Westen heute.

Schauspieler
Isabelle Adjani, Lauren Bacall, Ben Becker, Ingrid Bergman, Halle Berry, Jane Birkin, Humphrey Bogart, Klaus Maria Brandauer, Marlon Brando, Geraldine Chaplin, George Clooney, Sean Connery, James Dean, Robert De Niro, Danny de Vito, Johnny Depp, Gérard Depardieu, Hannelore Elsner, Peter Falk, Henry Fonda, Harrison Ford, Morgan Freeman, Jean Gabin, Charlotte Gainsbourg, Bruno Ganz, Götz George, Heinrich George, Vadim Glowna, Cary Grant, Gene Hackman, Salma Hayek, Audrey Hepburn, Dustin Hoffman, Anthony

Hopkins, Dennis Hopper, Samuel L. Jackson, Manfred Krug, Günter Lamprecht, Jean-Pierre Léaud, Sophie Marceau, Walter Matthau, Armin Mueller-Stahl, Paul Newman, Al Pacino, Gregory Peck, Sean Penn, Michelle Pfeiffer, Michel Piccoli, Jürgen Prochnow, Jean Reno, Robert Redford, Armin Rohde, Otto Sander, Marianne Sägebrecht, Romy Schneider, Hanna Schygulla, Sharon Stone, Meryl Streep, Jasmin Tabatabai, Audrey Tautou, Lino Ventura, Christoph Waltz

Komiker

Charlie Chaplin, Buster Keaton, Jacques Tati, Karl Valentin, Marx Brothers, Jango Ewards

Sonstige

Sesamstraße, Muppet Show, die Simpsons, die frühen Zeichentrickfilme von Walt Disney, Mummenschanz, Peter Lustig, Yannick Noah als Lebenskünstler

Autoren

Lesen ist kreativ. Wenn ich einen Roman lese, sehe ich einen inneren Film von der Handlung.

Emile Ajar = Roman Gary, Isabel Allende, Jorge Amado: Gabriela wie Zimt und Nelken, Eric Ambler, James Baldwin, Jurek Becker, Jorges Luis Borges, Paul Bowles, **T. C. Boyle**: **América**, Bert Brecht: Erzählungen, Lilly Brett, Rolf Dieter Brinkmann: Keiner weiß mehr, Georg Büchner: Leonce und Lena, Lothar-Günther Buchheim: Das Boot, Charles Bukowski, **Michail Bulgakow**, Miguel de Cervantes, **Daniil Charms,** Bruce Chatwin, **Blaise Cendrars, Joseph Conrad,** Martin Cruz Smith: Gorki Park, Roald Dahl, Michael Degen: Nicht alle waren Mörder, Elfie Donnelly: ein Paket für Frau Löbenzahn, **Fjodor Dostojevski**, Alexandre Dumas d. Ä.: Russlandreise, Oskar Maria Graf, Günter Grass: Danziger Trilogie, Hannah Green: Ich hab dir nie einen Rosengarten versprochen, Joseph Heller: Gut wie Gold, Joseph Heller & Speed Vogel: Überhaupt, Werner Herzog: Vom Gehen im Eis, Stefan Heym: Ahashver, Patricia Highsmith: Venedig kann sehr kalt sein, Edgar Hilsenrath: Der Nazi & der Friseur, Khaled Hosseini: Drachenläufer, Lotti Huber: Diese Zitrone hat noch viel Saft, John Irving, **Janosch: Polski Blues,** Jewgeni Jewtuschenko: Stirb nicht vor deiner Zeit, James Joyce: Dubliner, **Franz Kafka,** Nikos Kazantzakis: Alexis Sorbas, Pavel Kohout: wo der Hund begraben liegt, **Janus Korczak: König Hänschen**, Heinrich von Kleist: Erzählungen, Jerzy Kosinski, Jon Krakauer: In eisigen Höhen, Kurt Kusenberg, Salcia Landmann: Jüdische Witze und Anekdoten, Karl Heinrich von Lang: Memoiren, D. H. Lawrence, Oscar Lewis: die Kinder von Sánchez, Rosa Luxemburg: Briefe aus dem Gefängnis, Marina Lewycka: Kurze Geschichte des Traktors auf Ukrainisch, Jack London, André Malraux: So lebt der Mensch, Henning Mankell, Thomas Mann: Felix Krull, **García Márquez: Hundert Jahre Einsamkeit,** Groucho Marx: Memoiren eines spitzen Lumpen, **Henry Miller: Big Sur und die Orangen des Hieronymus Bosch,** Alberto Moravia, Haruki Murakami, Robert Musil: Törleß, Pitigrilli, Jan Potocki: Die Handschrift von Saragossa, Marcel Proust: Eine Liebe Swanns, Anais Nin: Spion im Haus der Liebe, Wladimir Odoevskij, Raymond Queneau: Zazie, Wilhelm Reich: Rede an den kleinen Mann, Philip Roth, Antoine de Saint-Exupérie, Oliver Sacks, J. D. Salinger: der Fänger im Roggen, Hubert Selby: letzte Ausfahrt Brooklyn, Peter Schneider: Lenz, **Isaac Bashevis Singer, Georges Simenon,** John Steinbeck: Wonniger Donnerstag, Harald Stümpke: Rhinogradentia (ein wunderschöne Veräppelung der Wissenschaft), Lawrence Sterne: empfindsame Reise, Hermann Sudermann: Litauische Geschichten, Andrei Sinjawskij (Terz): eine Stimme im Chor, Albert Vigoleis Thelen: Die Insel des zweiten Gesichts, Leo Tolstoi: Anna Karenina, B. Traven, Aglaja Veteranyi: Warum das Kind in der Polenta kocht, Francois Villon, Kurt Vonnegut: Blaubart, Maxie Wander: Guten Morgen, du Schöne, Janwillem van de Wetering, Gerhard Zwerenz: Casanova, Marina Zwetajewa.

15. Hilfsmittel Drogen, Traumreisen, Trance, Meditation

Viele wollen ihre Kreativität mit Hilfsmitteln wie Drogen, Traumreisen, Trance und Meditation anregen. Betrachten wir die einzelnen Hilfsmittel der Reihe nach.

Drogen

Viele Künstler nahmen Drogen, um ihre Kreativität anzuregen. Ich bin skeptisch bei Drogen. Drogen haben vielen großen Künstlern wie *Jim Morrison und Jimi Hendrix* das Leben gekostet.
Ich weiß, dass Marihuana nicht mit harten Drogen wie Heroin zu vergleichen ist. Und ich bin selbst bei Marihuana skeptisch. Soviel ich weiß, stärkt Marihuana kurzfristig die Wahrnehmungsfähigkeit. Auf Dauer dämpft und schwächt Marihuana die Wahrnehmungsfähigkeit, sodass nach einiger Zeit die Wahrnehmung *mit* Marihuana schwächer ist als früher ohne.
Der Psychiater Professor *Rainer Holm-Hadulla* meint, Künstler würden einen Fehler begehen, wenn sie während des Schaffensprozesses Drogen nähmen: »Auf Dauer wird so die künstlerische Gabe ausgebrannt.« Schon *Charles Baudelaire* schrieb: »Was nützt die künstlich maximierte künstlerische Einbildungskraft, wenn die Droge zugleich die Fähigkeit schwächt, die Gabe zu nutzen?«
Das Album *Their Satanic Majesties Request* der *Rolling Stones* entstand mit Hilfe von viel Drogen. Alle Bandmitglieder erinnern sich daran, dass die Aufnahmesessions viel Spaß machten, und dass das Album musikalisch mit ihren anderen Alben nicht mithalten kann.
Ich denke, es gibt bessere Hilfsmittel, seine Kreativität anzuregen, wie zum Beispiel Meditation, Träume, Traumreisen und Trance.

Träume

Viele Erfinder und Künstler berichten, dass ihnen die entscheidende Inspiration im Traum einfiel. *Paul McCartney* berichtet: »Eines Morgens wachte ich mit einer Melodie im Kopf auf.« Es war die Melodie von *Yesterday*.

Traumreisen

In Kapitel 20 gehe ich etwas ausführlicher auf das Thema Traumreisen ein.

Trance

Um seine Kreativität anzuregen, kann man eine Trance nutzen. Vielleicht haben Sie sich schon gefragt, was eine Trance überhaupt ist. Ich weiß, dass für viele das Wort Trance ein rotes Tuch ist. Dabei ist Trance ein alltäglicher Zustand. Trance ist ein veränderter Bewusstseinszustand, dem wir im täglichen Leben laufend begegnen. Ein paar Beispiele von alltäglichen Trancezuständen: Wenn Sie so von einem Film gefesselt sind, dass Sie den Raum um sich herum vergessen. Wenn Sie bei Vollmond dem Kommen und Gehen der Wellen des Meers zuhören. Wenn Sie nachts in einem Schneegestöber als Beifahrer (!) dem Tanz der Schneeflocken im Scheinwerferlicht folgen. Wenn Sie bei einem nächtlichen Lagerfeuer den Funkenflug beobachten. Wenn Sie entspannt im Sessel sitzen und dem Regen draußen zuhören.

Wenn Sie beim Lesen durch die Erinnerung schon in einen tranceähnlichen Zustand gefallen sein sollten, können Sie jetzt langsam wieder zurückkommen.

Trance und Unbewusstes

Trance ist ein veränderter Bewusstseinszustand, in dem wir unsere Aufmerksamkeit nach innen richten. Während der Trance finden wir Zugang zu unserem Unbewussten. Unter dem Unbewussten verstehe ich alles, was einem in einem Moment nicht bewusst ist. Wenn ich Sie frage, wie sich Ihre rechte große Zehe anfühlt, wird Ihnen das jetzt bewusst, davor haben Sie wahrscheinlich nicht daran gedacht, es war Ihnen nicht bewusst. Das Bewusste ist die kleine, sichtbare Spitze des Eisberges, der größte Teil der Arbeit des Gehirns wird vom Unbewussten gesteuert, zum Beispiel unser Herzschlag und die Verdauung. Alles, was wir gut beherrschen, machen wir unbewusst. Beim Sprechen ist uns zum Beispiel nicht bewusst, wie wir die Regeln der Grammatik anwenden.

Nutzen der Trance

Man kann eine Trance nutzen, um Zugang zum Unbewussten und zu seiner Kreativität zu finden. Ich gebe bei einer Trance dem Unbewussten keine direkten Suggestionen, was es zu machen hat, wie: »Höre auf mit dem Rauchen!« Ich habe große Achtung für die Arbeit und die Kraft des Unbewussten. Ich will mit Hilfe von Trance die Selbstregulierungs- und Selbstheilungskräfte des Unbewussten anregen und unterstützen. Und man kann in der Trance direkt mit dem Unbewussten verhandeln. Etwa, indem man nach den positiven Absichten eines ungeliebten Verhaltens fragt und nach Alternativen sucht. Also beim Rauchen zum Beispiel Kontakt finden und sich entspannen. Hier würde es meist wenig bringen, mit dem Bewusstsein zu verhandeln. Die meisten Raucher wissen, dass es ungesund ist, zu rauchen, und tun es trotzdem.

In der Trance kann man leicht Zugang finden zu seinen Fähigkeiten. Wenn man jemanden, der Angst hat, eine Rede zu halten, bittet, sich vorzustellen, vor vielen Menschen zu sprechen, wird sein bewusster Verstand oft Gründe finden, warum dies nicht funktionieren kann. In der Entspannung einer Trance fällt es ihm meist leicht, sich vorzustellen, vor vielen Menschen zu sprechen. In der Entspannung einer Trance kann man neue Wahlmöglichkeiten einüben.

Viele Kreative erleben bei ihrer Tätigkeit Trance-Phänomene wie Zeitverzerrungen. So nehmen Tennis Profis den Ball beim gegnerischen Aufschlag größer und langsamer wahr. Damit haben sie mehr Zeit zum Reagieren.

Wie in Trance versetzen?

Ich nutze die Trance-Techniken von *Milton Erickson*. Diese haben mit den Bühnen-Shows mit Trance nichts gemeinsam. Bühnen-Hypnotiseure suchen meist Menschen aus dem Publikum, die gut gehorchen, und veranstalten mit ihnen unverantwortliche Spielchen, die keinen therapeutischen Nutzen haben und keinen Respekt zeigen für die Hypnotisierten.

In der Erickson'schen Trance arbeitet man mit dem Prinzip *begleiten und führen*. Man holt die Menschen dort ab, wo sie im Moment sind, begleitet sie ein Stück und führt sie dann nach innen, zu ihrer inneren Erfahrung, zu ihrem Unbewussten. Zum Beispiel kann man einem Klienten sagen: »Sie hören meine Stimme und die Musik im Hintergrund«. Hiermit begleitet man das Erleben des Klienten und bekommt so Kontakt und Vertrauen. Dann kann man vorsichtig beginnen zu führen: »Und während Sie spüren, wie sich mit jedem Atemzug Ihr Bauch ein wenig hebt und senkt, können Sie sich erlauben, immer mehr zu entspannen.« Hier ist geschickt das Begleiten der Erfahrung (das Heben und Senken des Bauches) mit dem Führen verbunden, mit dem Vorschlag, sich zu entspannen. Diese Vorgehensweise ist effektiver, als dem Klienten zu befehlen: »Sie müssen sich jetzt sofort entspannen!« Dies würde oft zu Widerständen führen.

Die vermutlich schnellste und stärkste Einleitung einer Trance ist das Wort, das *John Lennon* von *Yoko Ono* übernahm: *Imagine* (stell dir vor). Dieses Zauberwort öffnet die Tore zur unbegrenzten Weite des Unbewussten und der Kreativität. *Stell dir vor*, wie es wäre, kreativ zu sein, wie es wäre, wenn das, was dir im Leben wirklich wichtig ist, verwirklicht wird.

Der NLP Gründer *Richard Bandler* heilte so einmal eine Alkoholikerin. Die Frau frage ihn in einem Supermarkt, warum er Wein trinke, als er eine Flasche Wein in den Einkaufswagen legte. Er antwortete: »Ich trinke Wein, weil ich gerne einmal ein Glas Wein trinke. Aber ich denke, Sie wollten eigentlich fragen, warum Sie selbst trinken. Und das ist auch nicht die entscheidende Frage. Die Frage ist (hier wechselte Bandler zu seiner Trance Stimme), was würden Sie in

Ihrem Leben machen, wenn Sie trocken wären?« Die Frau ging in eine Trance. Er gab ihr seine Visitenkarte und sagte, sie können ihn gerne anrufen. Ein paar Monate später rief sie ihn an und sagte, dass sie seit diesem Vorfall trocken ist.

Ich habe selbst einmal etwas Ähnliches erlebt. Ich fragte in einem Kurs einen jungen Arbeitslosen, der zuvor fünf Jahre lang auf der Strasse gelebt hatte: »Gibt es etwas, das Sie so gerne machen, dass Sie dafür sogar Geld zahlen würden?« Zwei Jahre später begegnete ich im zufällig auf der Strasse. Er hatte inzwischen sein eigenes Geschäft im kreativen Bereich, war verheiratet und hatte ein Kind. Und er lud mich zum Kaffee ein.

Bitte beachten

Allein mit den Informationen dieses Buches sollte man nicht mit Trance selbst arbeiten, dazu gehört eine gründliche Ausbildung. Die Ängste vieler Menschen vor Trance sind meist unbegründet. Es ist nicht möglich, Menschen in der Trance zu etwas zu bewegen, das sie nicht tun wollen, etwa zu einem Banküberfall. Das Buch *Therapie in Trance* von *John Grinder* und *Richard Bandler* ist eine gute Einführung in die Arbeit mit Trance.

Meditation

Meditation kann helfen, den unruhigen Geist zu leeren und in ein inneres Gleichgewicht zu kommen. Damit wird der Geist offen für neue Ideen usw. Ich persönlich bevorzuge aktive Meditationen wie die *5 Rhythmen™* von *Gabrielle Roth*.

TEIL C
Bereiche der Kreativität

16. Bereiche der Kreativität

Ich untersuche nun wie man die Kreativität in verschiedenen Bereichen wie Kunst und Erfindungen anregen kann.

Kunst

Ein paar grundsätzliche Gedanken Kreativität und Kunst

Ich frage mich nicht, was Kunst ist oder ob etwas Kunst ist. Mich interessiert, ob mir ein Werk gefällt, ob es mich berührt und ob es meinen Blick, mein Gehör, mein Gespür, meine Wahrnehmung erweitert. Der Maler *Paul Klee* meinte: »Kunst gibt nicht das Sichtbare wieder, sondern macht sichtbar.«

Ich frage mich auch nicht, ob künstlerische Begabung vererbt oder gelernt wird. Mich interessiert nur, wie man die Kreativität anregen kann.

Der Liedermacher *Klaus Hoffmann* fordert, seine eigene Welt zu kreieren, gegen den Strom, rebellisch, warm, kitschig, selbstverloren, zweifelnd, mit tausend Fragezeichen und unverblümt, seinetwegen auch altmodisch.

Die amerikanische Schriftstellerin *Maya Angelou* sagt: »Kreativität kann man nicht verbrauchen. Je mehr man sie nutzt, desto mehr hat man sie.« Wenn ein Brunnen nicht genutzt wird, kann er versiegen.

Unterschiede der einzelnen Bereiche der Kunst

Die einzelnen Bereiche der Kunst unterscheiden sich darin, welchen Sinneskanal sie besonders ansprechen. Malen und Fotografie sprechen den visuellen Kanal an, Musik den Hörkanal, Skulpturen den Fühl- und Sehkanal, Tanz den Fühl-, Hör- und Sehkanal. Die Kochkunst spricht hauptsächlich den Geschmacks- und Geruchskanal, aber auch den Sehkanal und Fühlkanal an. Das Aussehen und die Konsistenz, ob knusprig oder auf der Zunge zergehend spielen auch eine Rolle.

Die Zeit spielt bei der Malerei und Fotografie kaum eine Rolle, bei Film und Theater spielt sie eine bedeutende Rolle. In der Literatur spielt das Verhältnis zwischen der Erzählzeit und der erzählten Zeit eine Rolle. Das bedeutet das Verhältnis davon, wie ausführlich etwas geschildert wird zu dem, wie lange der Zeitabschnitt ist, über den erzählt wird. In modernen Romanen wird manchmal ein einziger Augenblick auf hundert Seiten beschrieben.

Rhythmus spielt in der Musik, aber auch in Film und Theater eine große Rolle. Bei *Akira Kurosawa* erkannte ich die Bedeutung von Rhythmus bei Filmen.

Malen

Pablo Picasso sagte: »Die Malerei ist stärker als ich. Sie zwingt mich zu tun, was sie will.«

Keith Richards sagt etwas Interessantes über Malerei. Der Manager der *Rolling Stones* hatte den erst halbfertigen Song *Satisfaction* ohne das Wissen der Band veröffentlicht. *Richards* meinte dazu: »Aber manchmal sind die Enwürfe eines Künstlers besser als das fertige Gemälde.«

Paul Cézanne sagte. »Die Farbe ist der Ort, wo unser Gehirn und das Weltall sich begegnen.«

Das Malspiel nach Arno Stern

Ich gehe kurz auf das von *Arno Stern* entwickelte *Malspiel* ein. *Arno Stern* selbst wehrt sich dagegen, das Malspiel als kreativ zu betrachten. Trotzdem will ich es hier behandeln, weil ich es für interessant halte.

Das Malspiel eignet sich für alle Altersstufen. Man trifft sich einmal die Woche, um 90 Minuten lang zu malen. Weiße Papierbögen sind an die Wand geheftet, zweieinhalb Meter hoch, drei Meter breit. Farben und Pinsel liegen bereit. Es ist alles erlaubt, auch sich beim Malen zu unterhalten. Man darf nur nicht über die Bilder sprechen, auch danach nicht. Es ist verboten, Bilder zu beurteilen, zu interpretieren und zu belehren. Beim Malspiel kommt es zu einem einzigartigen Ausdruck, der den Werken der Steinzeitmaler und Urvölker ähnelt. Es entstehen archaische Zeichen wie verstreute Punkte, Striche, Kreise, Tropfen, Gräten, Bögen, Trichter und Wege. Arno Stern sieht im Malspiel keine Kunst oder Vorstufe zur Kunst, sondern eine völlig andersartige Äußerung, ein unwiderstehliches Ausfließen lassen. Er hat mit Kindern auf der ganzen Welt gearbeitet, von Steinzeitstämmen bis zu Stadtkindern aus Japan. Überall entstehen ähnliche Bilder. Es soll ein Ausdruck der Erinnerung an die Zeit als Embryo sein. Es ist ein Geschehen, kein Werk.

Ausführlichere Informationen finden Sie in dem Buch *Das Malspiel und die natürliche Spur* von Arno Stern. Leider schreibt Arno Stern nicht sehr verständlich. So erklärt er einige der grundlegenden Begriffe nirgends. Trotzdem oder gerade deshalb halte ich es für ein faszinierendes Buch und für eine faszinierende Methode.

Karikaturen

Karikaturen können uns auf die kleinen menschlichen Schwächen aufmerksam machen, wenn sich Worte und Gesten oder Verhalten widersprechen, wenn Sprache sich verselbständigt. Wie in dem Cartoon, in dem ein Manager in seinem Kalender blättert und am Telefon sagt: »Nein, Donnerstag passt nicht. Wie wäre es mit nie? Geht nie bei ihnen?«

Beim Karikaturen zeichnen ist es unfair, nach unten zu treten, sich über Leute lustig zu machen, die schon am Boden liegen. Der Karikaturist *Bob Mankoff* meint: »Humor ist die Basis unseres Miteinanders. Er nimmt Spannung aus unserem Alltag, er macht es uns erst möglich, dieses Leben überhaupt zu ertragen.« Unten eine Karikatur von mir:

Musik

Ein paar Gedanken zum Thema Musik: Der Psychiater *Oliver Sacks* meint, als Musiker müsse man ein ‚Ohr' haben, Töne, Rhythmen usw. unterscheiden können *und* eine leidenschaftliche Liebe zur Musik, Energie, Hingabe, Schwung und Gefühl haben.

Um Musik zu spielen und zu komponieren, muss man nicht Noten lesen können. Viele große Musiker konnten oder können keine Noten lesen, zum Beispiel *Paul McCartney*, *Stevie Wonder*, *Eric Clapton*, *Jimi Hendrix*, *Hans Zimmer* und *James Brown*. Ein Sonderfall ist *Ringo Starr*. Er kann nicht nur keine Noten lesen, er kann überhaupt nicht lesen. Ich liebe ihn.

Auf der Südseeinsel Vanuatu klatschen Frauen mit den Handflächen aufs Wasser und machen damit eine beeindruckende Percussion-Musik.

Der Jazzpianist *Fred Hersch* meint: »Und nach 40 Jahren weiß ich nun, wie Jazz sein sollte: sich einfach hinsetzen und es passieren lassen.«

Buddy Guy singt in dem von *Tom Hambridge* und *Gary Nicholson* geschriebenen Song *I Go By Feel,* daß die Leute ihn immer nach dem Blues fragen würden, den er spiele. Er sage, es gehe einfach durch ihn, er kenne keinen anderen Weg. Er gehe nach dem Gefühl.

Komponieren

Musiker komponieren auf die verschiedensten Arten: *Compay Segundo* von der Gruppe *Buena Vista Social Club* erzählt: »Manchmal wache ich auf mit einer Melodie in meinem Kopf, ich höre die Instrumente, alles sehr klar. Ich schaue vom Balkon und ich sehe niemanden, aber ich höre es, als ob es auf der Straße gespielt würde.«

Mick Jagger und *Keith Richards* von den *Rolling Stones* improvisieren zu alten Bluesriffs, bis sie sich in etwas anderes verwandeln, zu einer neuen Komposition. Und Keith meint: »Ich fange einfach mit einem kleinen Riff an. Er (Mick) sagt: ‚Das ist gut', und dann steuert er eine Melodiestimme bei. Wenn Mick und ich ernsthaft an die Arbeit gehen, vergessen wir alles andere.«

Elton John bekommt einen Songtext von seinem Texter *Bernie Taupin,* liest den Text, sieht dazu einen Film und vertont diesen.

Bei der Gruppe *Yello* geht es umgekehrt. Der Sänger und Texter *Dieter Meier* bekommt die Musik von seinem Kollegen *Boris Blank. Dieter Meier* erzählt: ».... sind die Klangbilder von Blank für mich wie die Filmmusik eines nicht existierenden Films. Ich sehe sofort Szenen und Bilder. Steh' da mit meiner Schreibmaschine in der Aufnahmekabine und tippe die Texte rein, hör' den Song und normalerweise ist das in 2 Stunden gemacht.«

Leonard Cohen schrieb zuerst die Texte, mit dem Text hörte er innerlich die Melodie. *Leonard Cohen* brauchte manchmal Jahre für das Schreiben eines Songs, bei »Anthem« sogar ein Jahrzehnt.

Bob Dylan erzählt, dass die Songs ihm früher einfach so aus der Feder geflossen seien, er habe sie nicht komponieren müssen.

Bruce Springsteen erzählt: »Mal kommen die Songs und dann mal nicht. Manchmal trifft es einen wie ein Blitz, und die Songs sprudeln nur so hervor. Da schreibe ich dann mehrere Songs an einem Tag. Und dann kann es wieder endlos dauern, bis etwas Brauchbares kommt.«

Mozart sah ganze Symphonien in einem Moment innerlich wie in einem Bild und schrieb dann die Musik auf.

Bei *Paolo Conte* scheint es so zu laufen: Zuerst hört er innerlich die Musik, die mit einem bestimmten Gefühl verbunden ist. Dieses Gefühl führt zu inneren Bildern und zu diesen kommen dann die Worte.

Neil Young meint, er höre irgendetwas in seinem Kopf oder spüre es im Herzen. Die Akkorde und die Melodie seien plötzlich da. Das sei nicht der Zeitpunkt, irgendwas zu analysieren. Jetzt komme es darauf an, den Song kennenzulernen.

Er sei wie ein wildes Tier, etwas Lebendiges. Man müsse aufpassen, dass man ihn nicht verscheucht.

Keith Richards meint: »Beim Songwriting geht es primär darum, die Leute in ihrem Innersten zu berühren, sie emotional durchzurütteln, ohne dass sie gleich einen Herzinfarkt erleiden.« »Songs sind merkwürdige Kreaturen. Winzige Randbemerkungen bleiben hängen und wollen nicht mehr verschwinden.« »Selbst das Skelett eines Riffs war ein Anfang. Die anderen spielten mit dem Sound, wir brachten das Riff in Form, und währenddessen ergab sich der Song ganz von selbst.« »Der Hauch einer Idee reicht, wenn du eine gute Band hast.« »Große Songs schreiben sich von selbst. Die Nase oder die Ohren weisen dir den Weg. Die Kunst ist, sich nicht zu sehr einzumischen. Schalte deinen Verstand aus, schalte alles aus, lass dich an die Hand nehmen, der Song zeigt dir schon, wo er hinwill.« »Sind komische Dinger, diese Songs. Wie kleine Babys.«

Der aus Österreich stammende Jazz-Musiker *Joe Zawinul* richtete seine Basslinien intuitiv nach dem Sprechrhythmus der menschlichen Stimme. Er meinte: »Unser Wiener Dialekt ist ja sehr nah bei einer walking bass line.«

Ich schreibe selbst Songtexte und suche noch jemanden, der sie vertont. Es erfordert natürlich noch einige Arbeit, um die Songs für Reime, Rhythmus usw. umzuschreiben. Ein Beispiel für einen Songtext von mir:

Erinnerst Du Dich an Weihnachten als Kind?
Die Kinderaugen voller Vorfreude

Aus der Kälte reinkommen und sich
an den warmen Kachelofen kuscheln,
die glitzernden Eiskristalle am Fenster

Erinnerst Du Dich an Weihnachten als Kind?
Die Kinderaugen voller Vorfreude

Das Flackern der Kerzen,
die glänzenden Christbaumkugeln und
der Geruch von Zimtsternen und Mandarinen

Erinnerst Du Dich an Weihnachten als Kind?
Die Kinderaugen voller Vorfreude

Das Knistern des Papiers
beim Auspacken der Geschenke,
gemeinsam Weihnachtslieder singen

Erinnerst Du Dich an Weihnachten als Kind?
Die Kinderaugen voller Vorfreude

Theater und Film

Der Regisseur *Werner Herzog* empfiehlt Lesen und Reisen, um das Filmemachen zu lernen. Wenn ich einen Roman lese, mache ich mir einen inneren Film zu dem Buch. Als ich in Indien war, erschien mir zuerst alles so fremd und exotisch, dass ich es wie einen Film an mir vorbeiziehen ließ.

Werner Herzog unterrichtet die Kunst des Filmemachens in einer Online Meisterklasse. 27 Lektionen kosten inklusive Hausaufgaben 90 Dollar (in 2016).

Charlie Chaplin erzählt: »Mein Grundkonzept für eine Komödie war einfach und bestand darin, Menschen in Schwierigkeiten geraten und sie wieder herausfinden zu lassen.«

Alfred Hitchcock zeigte in seinen Filmen gern Szenen, in denen sich das Bild und der Dialog widersprechen. Er sagte, das würde im normalen Leben laufend vorkommen.

Hitchcock war ein Meister der Spannung, des *Suspense*. Ein Beispiel für Suspense: Jemand dringt in ein fremdes Zimmer ein und durchsucht die Schubladen. Hitchcock zeigt, wie der Besitzer des Zimmers die Treppe hochgeht. Der Blick wechselt zu dem, der in den Schubladen herumsucht. Der Zuschauer möchte ihn warnen: Passen Sie auf, da kommt jemand die Treppe rauf!

Zu seinem Film *die Vögel* sagte er: »Wenn ich den Schnitt eines Films abgeschlossen habe, diktiere ich einer Sekretärin ein richtiges Tondrehbuch. Auf dem Dachboden wollte ich einen Ton, der dasselbe bedeutete, wie wenn die Vögel zu Melanie gesagt hätten: jetzt haben wir dich, jetzt fallen wir über dich her.«

Der Regisseur *Francois Truffaut* hat ein Buch mit einem langen Interview mit Alfred Hitchcock veröffentlicht*: Mr. Hitchcock, wie haben Sie das gemacht?* In dem Buch kann man viele Anregungen zum Thema Filmemachen finden.

Tanz

Zum Thema Tanz ein Satz von *Fred Astaire*: »Tanzen ist wie Träumen mit den Füßen.«

Komik

Komik entsteht durch die Kluft zwischen Anspruch und Realität. Bei *Charlie Chaplin* kann man etwas Erstaunliches beobachten. Chaplin wiederholt einen Gag öfters kurz hintereinander. Man könnte erwarten, dass der Gag mit der Wiederholung langweilig wird. Das Gegenteil ist der Fall: Der komische Effekt wird gesteigert. Wie kommt das? Gefühle besitzen eine gewisse Trägheit. Das heißt, durch einen Gag wird die Heiterkeit gesteigert und geht dann nur langsam zurück. Wenn der Gag wiederholt wird, wird die Heiterkeit weiter gesteigert.

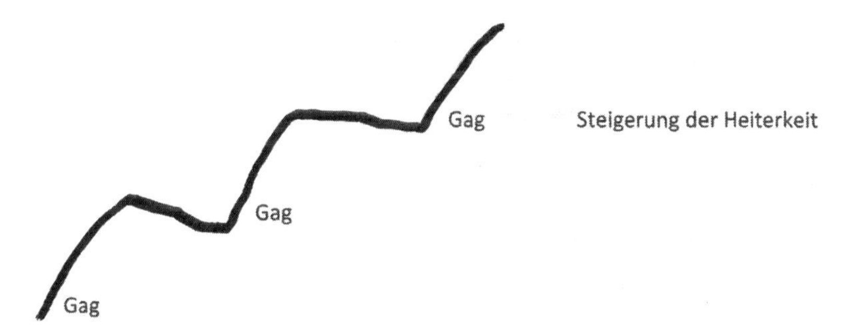

Wiedergebende Kunst wie Konzerte und Theateraufführungen

Musiker und Theaterschauspieler, die immer wieder das gleiche Stück aufführen, stehen vor einer besonderen Herausforderung: Wie kann man ein Stück, das man schon tausend Mal gespielt hat, jedes Mal wieder lebendig rüberbringen?

Keith Richards antwortete auf die Frage, ob ihm der Song *Satisfaction* nicht langsam auf die Nerven gehe, dass sie Songs wie *Satisfaction* schnell geschrieben und aufgenommen hätten. »Mir selbst war bei diesen Songs aber immer klar, dass wir in der kurzen Zeit noch nicht mal ansatzweise zu ihrem Kern vorgedrungen sind. Also verbringt man die nächsten 50 Jahre damit, sie zu verbessern. Solange das so bleibt, habe ich keine Probleme.«

Der Dirigent und Pianist *Daniel Barenboim* meint: »Man muss als Publikum den Eindruck haben, dass das Werk im Moment der Aufführung entsteht. Es muss gleichzeitig total durchdrungen sein und spontan.« Wenn ich ein neues Stück einstudiere, »fange ich an, es zu analysieren, Bezüge herzustellen. Ich stelle mir tausend Fragen. Ich glaube, es zu verstehen. Jetzt muss ich versuchen, wieder eine Naivität gegenüber dem Stück zurückzugewinnen. Den Eindruck vom ersten Mal, den Schock. Der Künstler, der das nicht schafft, wird Sie nie berühren.«

Der Dirigent *Paavo Järvi* meint: »Auf Nummer sicher zu gehen ist für mich keine Option. Man muss immer so spielen, dass man vielleicht auch mal ‚sorry' sagen muss. Ich wehre mich gegen Routinen, ich will nicht wie ein Zauberer mit Tricks arbeiten und mich darauf verlassen, dass es so oder so funktioniert.«

Der Pianist *Arcadi Volodos* meint: »Die eigentliche Arbeit beginnt, wenn ich es auf der Bühne vortrage. In diesem Moment setzt ein Entwicklungsprozess ein. Es ist wie eine Reise. Es muss aus dem Herzen kommen ... werde ich immer wieder gefragt: warum lieben Sie Brahms? Die Antwort ist: Ich weiß es nicht und will es auch gar nicht wissen!«

Der Regisseur *Fritz Kortner* sagte über Schauspieler: »Da kommen Leute in einen Raum und sind gar nicht da. Die reden und reden und sind nicht da. Und dann kommt einer, der sagt gar nichts - und der ist da.« Es gibt Schauspieler, die haben Präsenz, die füllen mit ihrer Person die Bühne.

Literatur

Ich mag Autoren, die nicht durch literarische, gedrechselte Sprache und ausgefallene Worte imponieren wollen, sondern in einer der gesprochenen Sprache nahen Sprache schreiben, bei der der Leser nicht auf den Stil achtet, sondern in den inneren Bildern aufgeht, die das Buch erzeugt.

Wie kommen Autoren zu ihrem Stoff? Der japanische Autor *Haruki Murakami* empfiehlt, viel zu lesen und Menschen genau zu beobachten.

Der Romancier *Georges Simenon* begann seine Romane meist mit der inneren Vorstellung der Hauptfigur und der Ausgangssituation. Die Ausgangssituation war oft eine schwierige Situation, wie die eines verheirateten Bürgermeisters, der mit seiner Geliebten als Beifahrerin einen schweren Autounfall verursacht, bei dem mehrere Kinder ums Leben kommen, und Fahrerflucht begeht. Die Person seiner Hauptfigur arbeitete Simenon vor Beginn des Schreibens genau aus: wie sie wohnt, was sie arbeitet, ihre Biographie, Familie, Freunde und Hobbies. Auch wenn er nur einen Bruchteil davon im Roman verwendete, er diente ihm als Hintergrund, damit er diese Person genau kennt. Dann fing er an zu schreiben und ließ sich von der Entwicklung der Geschichte überraschen.

Martin Walser meint: »Jeder Roman produziert sein eigenes Ende, ab der Mitte hat man als Autor nichts mehr zu sagen. Das ist eine Eigendynamik.«

E. L. Doctorow meint: Schreiben ist wie Autofahren nachts im Nebel. »Man kann nur so weit sehen, wie es die Nebelleuchten zulassen, aber damit kann man den ganzen Weg schaffen.«

Gabriel García Márquez bringt in seinem Buch *der Geruch der Guayave* einige interessante Ideen zum Thema Schreiben.

Ausgangspunkt für einen Roman ist bei ihm immer ein inneres Bild. Bei *Hundert Jahre Einsamkeit* war es das Bild eines alten Mannes, »der ein Kind mitnimmt, um das Eis kennenzulernen, das als Sehenswürdigkeit im Zirkus ausgestellt ist.«

Bedeutend hält Márquez den ersten Satz eines Romans. Bei *Hundert Jahre Einsamkeit* lautet er: »Viele Jahre später sollte Oberst Aureliano Buendía sich vor dem Erschießungskommando an jenen fernen Nachmittag erinnern, an dem sein Vater ihn mitnahm, um das Eis kennenzulernen.« In diesem Satz wird so oft zwischen Vergangenheit und Zukunft hin und hergewechselt, daß der Verstand verwirrt wird und man leicht in eine Trance fallen kann.

Márquez dachte erst fünfzehn Jahre über den Roman nach, bevor er ihn in zwei Jahren niederschrieb. Man kann mit einem kreativen Thema regelrecht schwanger gehen. Mir ging das mit diesem Buch so.

Marquez lernte viel von seiner Großmutter, die »völlig ungerührt die ungeheuerlichsten Dinge erzählt, als hätte sie sie eben gesehen.« In der Erzählung die *Verwandlung* von *Kafka* erwacht *Gregor Samsa* eines Morgens als riesiger Käfer. Durch *Kafka* kam Márquez auf die Idee, die Methode seiner Großmutter beim Schreiben zu nutzen. Wobei es Márquez wichtig ist, daß sich die Phantasie nicht verselbständigt, sondern in der Wirklichkeit verwurzelt ist.

Von *Hemingway* lernte Márquez, daß ein Roman wie ein Eisberg auf einer Fülle von Material basieren muß, das nie direkt im Buch auftaucht, aber dem Buch Struktur und Tiefe gibt.

Von *Graham Greene* lernte Márquez, wie man ein Gefühl der Tropen schaffen kann. »Es kostet viel Mühe, die wichtigsten Elemente herauszuarbeiten, um die poetische Synthese eines Lebensraumes zu schaffen, den man nur allzugut kennt.« *Greene* löste dieses Problem »mit wenigen verstreuten Elementen, die aber subjektiv in einem sehr subtilen und realen Zusammenhang stehen. Mit dieser Methode läßt sich das ganze Geheimnis der Tropen auf den Duft einer verdorbenen Guayave reduzieren.«

Durch seine Arbeit als Journalist lernte Márquez, seinen Geschichten durch das Erwähnen von Details Glaubwürdigkeit zu verleihen.

Am Anfang weiß Marquez nur in groben Zügen, was mit den einzelnen Figuren passiert. »Im Verlauf des Buches passieren unvorstellbare Dinge.«

Wenn Márquez sich für ein Thema interessiert, entsteht zwischen ihm und dem Thema eine Spannung. Irgendwann brechen alle Hindernisse in sich zusammen und er kommt in einen Zustand, in dem es für ihn nichts Besseres gibt als Schreiben. Dies bezeichnet er als Inspiration. Wenn er diesen Zustand verliert, widmet er sich handwerklicher Arbeit, etwa indem er Türen streicht.

Hemingway empfahl als Mittel gegen die Angst vor dem leeren Blatt Papier, die Arbeit nur zu unterbrechen, wenn man weiß, wie man am nächsten Tag weitermacht.

Noch einmal zurück zu der Frage, wie man als Autor zu seinem Stoff kommen kann. Ein Science-Fiction-Autor erzählte auf die Frage, wie er auf die Ideen zu seinen Büchern kommt, dass er an die bizarrste Situation denkt, die er sich vorstellen kann und überlegt, wie es zu dieser Situation gekommen sein könnte.

Ich schrieb einmal zusammen mit einer Freundin ein Kinderbuch. Die Freundin erzählte mir von einem Erlebnis, das sie beschäftigte. Ich spürte, dass dieses Erlebnis ein Kinderbuch ergeben könnte. Ich bat meine Freundin, auf Band zu sprechen, was sie mir erzählt hatte. Diesen Text brachte ich zu Papier, überarbeitete ihn ein bisschen und schon war ein wunderschönes Kinderbuch fertig.

Beim Schreiben selbst gibt es verschiedene Möglichkeiten. Ich höre eine innere Stimme, die mir den Text diktiert. *Márquez* dagegen schrieb: »Es war, als ob alles geschrieben stünde und ich nichts anderes zu tun hatte, als mich hinzusetzen und aufzuschreiben, was ich las.«

Ernest Hemingway rät: »Schreib betrunken, aber überarbeite nüchtern.« So nutzt man den Verstand und die Gefühle, die Intuition. Ein Großteil der Arbeit besteht darin, den Text immer wieder zu überarbeiten. *Mark Twain* meinte: »Schreiben ist leicht: Man muss nur die falschen Wörter weglassen.«

Der Musiker *Bruce Springsteen* erzählt über das Schreiben seiner Autobiografie: »Grundsätzlich schreibe ich alles mit Bleistift in Notizbücher, ohne groß darüber nachzudenken. Wenn ich genug beisammen hatte, diktierte ich es meiner Assistentin. Die Ausdrucke überarbeitete ich dann und diktierte es erneut. Dann überarbeitete ich es noch einmal und diktierte es ihr ein letztes Mal.«

Gute Autoren beherrschen die Kunst, etwas zwischen den Zeilen mitzuteilen. Ein paar Beispiele: *Jerzy Kosinski* beginnt eine Erzählung mit dem Satz: »Ich fuhr ins Landesinnere.« Ein weniger begabter Autor würde schreiben: Diese Erzählung spielt in einem Land der Dritten Welt. An der Küste ist das Land erschlossen, im Landesinneren ist das Land wild, gefährlich und kaum erforscht. Und diese Geschichte ist eine Reise in Ihr Inneres.

Beobachten Sie, welche inneren Bilder usw. in Ihnen entstehen, wenn Sie die Zeile von *Jim Morrison* von den *Doors* lesen: »When the music is over, turn out the light« (Wenn die Musik zu Ende ist, schalte das Licht aus).

Die Schriftstellerin *Aglaja Veteranyi* wuchs im Zirkus auf. Ihre Mutter trat jeden Abend an den Haaren hängend im Zirkuszelt auf. Aglaja Veteranyi schreibt: »Wenn Mutter nicht abstürzt von der Kuppel, essen wir nach der Vorstellung gemeinsam Hühnersuppe.« In diesem Satz steckt all die Angst, die sie um das Leben ihrer Mutter hatte.

Einige Autoren kommunizieren in ihren Büchern direkt mit ihren Lesern. Edgar Hilsenrath schrieb mit *der Nazi & der Friseur* eine Groteske über den Massenmord an den Juden durch die Nazis. Hilsenrath ist selbst Jude und überlebte nur knapp in einem Ghetto in Rumänien. Als ich das Buch las, kämpfte ich ständig mit mir selbst und dem Buch. Ich hörte mich sagen: »So etwas kann man doch nicht schreiben!« Ständig stieg ein Lachen aus meinem Bauch hoch und blieb dann im Hals stecken. Ich erlebte das Buch als einen ständigen Ritt am Abgrund, als einen Tanz auf Messers Schneide. Bei diesem Buch besteht die Gefahr, ins Lächerliche, in Klamauk abzugleiten oder sich über die Opfer lustig zu machen. Hilsenrath bewegt sich ständig an diesem Abgrund und stürzt doch nie ab.

Keith Richards sagt etwas Interessantes über das Schreiben: »Sobald man anfängt, über Dinge zu schreiben, wird man ein anderer Mensch. Ohne dass man es merkt, sieht man die Dinge anders. Man hat eine deutlich schärfere Wahrnehmung.«

17. Fachbücher

Ich untersuche in diesem Kapitel, wie man einen verständlichen und lebendigen Fachtext schreibt. Ein Hinweis: In der Welt der Akademiker wird eine besondere Art zu schreiben verlangt. Akademiker können lernen, zusätzlich zur akademischen Sprache noch *verständlich* zu sprechen und zu schreiben. Wenn Gebrauchsanweisungen, Lehrbücher usw. verständlich geschrieben wären, könnte unsere Wirtschaft und Gesellschaft bedeutend besser dastehen.

Wie schreibt man einen Artikel oder ein Fachbuch? Zuerst sammelt man Ideen.

Ideen sammeln

Wie findet man neue Ideen? Um dies zu untersuchen, möchte ich Sie bitten, möglichst viele Ideen aufzuschreiben, wie man zu Geld kommen kann.

Möglichkeiten, zu Geld zu kommen:

....

Haben Sie auch Ideen notiert wie *eine Bank überfallen* oder *betteln*? Viele Menschen zensieren ihre Ideen schon beim Sammeln der Ideen. Ich unterscheide zwei Phasen: Die Phase des wertungsfreien Sammelns und die Phase der Bewertung der Ideen. Wenn man sich schon in der ersten Phase überlegt, ob die Ideen legal, moralisch und realistisch sind, würgt man die Fantasie ab. Viele an sich unrealistische Ideen führen zu brauchbaren Ideen. Die Idee Banküberfall kann zu der Idee führen, eine Bank zu gründen. Viele bahnbrechenden Erfindungen waren ursprünglich nicht für den Bereich gedacht, in dem sie später verwirklicht wurden. Das Telefon war ursprünglich als Hörhilfe gedacht. Ideen sammelt man am besten, indem man seiner Fantasie freien Lauf lässt. Man nennt dies *Brainstorming*, einen Sturm im Gehirn entfachen. Nehmen Sie nun ein leeres Blatt Papier und notieren Sie möglichst viele Dinge, die man für ein Picknick braucht.

Die meisten Menschen notieren sich ihre Ideen in der Form:

Wurst

Cola

Teller

Oder in der Form: Wurst, Cola, Teller

Diese lineare Art des Notierens ist typisch für den rationalen Verstand und engt die Fantasie ein. Es ist günstiger, die Punkte ungeordnet auf einem Blatt in Querformat etwa so zu notieren:

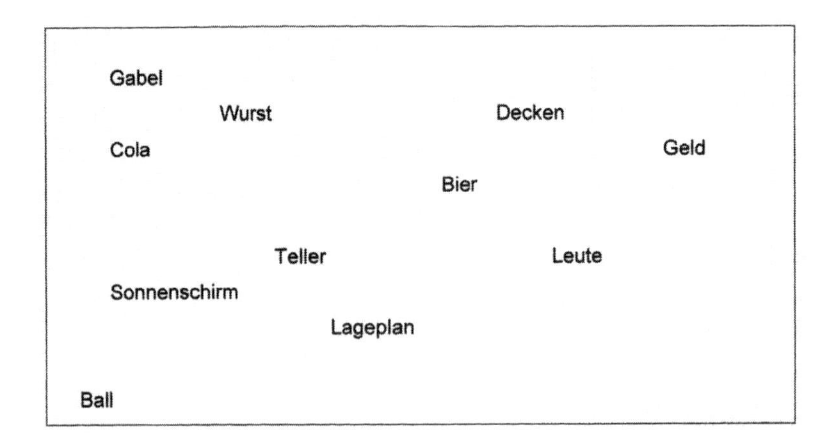

Wenn man Ideen so notiert, kommen sofort neue Ideen, man erkennt Verbindungen zwischen den einzelnen Punkten. Bei Wurst fällt mir Käse, Butter und Honig ein. Mir fallen so bedeutend mehr Ideen ein. Wenn man ein Buch schreibt, kann man in Büchern und Zeitungsartikeln Ideen finden, die man nutzen kann.

Notieren Sie nun möglichst viele Ideen zu dem Thema, was man bei einem Umzug zu beachten hat. Verteilen Sie die Stichpunkte ungeordnet auf einem Blatt in Querformat.

Erstellen einer Gliederung

Was ist der nächste Schritt zu Ihrem Buch? Man fasst Stichpunkte, die zusammengehören, unter einem Oberbegriff zusammen. Man kann die Stichpunkte Hammer, Zange und Pinsel unter dem Begriff *Werkzeug* zusammenfassen. Finden Sie Oberbegriffe für die einzelnen Stichpunkte, die Sie notiert haben. Wenn Sie mehr als 5 Oberbegriffe gefunden haben, finden Sie übergeordnete Begriffe, unter denen sich diese Oberbegriffe zusammenfassen lassen. Günstig sind etwa 3 bis 5 Überbegriffe.

Überbegriffe zum Thema Umzug können sein: Neue Wohnung einrichten, Transport, alte Wohnung auflösen, Ämter und Formalitäten, Planung.

Was ist der nächste Schritt zum Buch? Man bringt die Überbegriffe in eine Reihenfolge, das heißt, man erstellt eine Grobgliederung. Eine mögliche Grobgliederung beim Thema Umzug ist:

1. Planung
2. Alte Wohnung auflösen

3. Transport

4. Neue Wohnung einrichten

5. Ämter und Formalitäten

An diesen Schritten scheitern viele Bücher und Doktorarbeiten, die Autoren verlieren den Überblick.

Was ist der nächste Schritt zum Buch? Man erstellt innerhalb der 5 Buchteile eine Feingliederung. Bei Teil 2 *Alte Wohnung auflösen* kann die Feingliederung so aussehen:

2.1. Wohnung leerräumen

2.2. Renovieren

2.3. Reinigen

Innerhalb dieser Feingliederung kann man noch feiner untergliedern, Punkt *2.2. Renovieren* etwa so:

2.2.1. Tapezieren

2.2.2. Streichen

2.2.3. Böden und Teppiche

Die Erstellung einer Gliederung nach dieser Methode macht ungefähr ¾ der Arbeit an einem Buch aus. An der Gliederung kann man sofort erkennen, ob alle wesentlichen Punkte berücksichtigt sind oder ob man sich in Details verloren hat. Eine Gliederung zum Thema Umzug könnte so aussehen:

Gliederung: Thema Umzug:

1.0. Planung

1.1. Finanzielle Planung

1.2. Planung der einzelnen Schritte

2.0. Alte Wohnung auflösen

2.1.0. Wohnung leerräumen

2.1.1. Kartons, Decken, Säcke usw. besorgen

2.1.2. Kartons füllen, schließen und beschriften

2.1.3. Möbel in Einzelteile auseinandernehmen und verpacken

2.1.4. Alles raustragen

2.2.0. Renovieren

2.2.1. Tapezieren

2.2.2. Streichen

2.2.3. Böden und Teppiche

2.3.0. Reinigen

2.3.1. Fenster

2.3.2. Böden
2.3.3. Müll
2.4. Schlüssel abgeben, Zählerstand, Briefkasten, Namensschilder usw.
3.0. Transport
3.1. LKW mieten oder leihen
3.2. Tragegurte, Decken usw. besorgen
3.3. Helfer organisieren
3.4. Getränke und Imbiss für die Helfer
3.5. Tanken
3.6. LKW abgeben
4.0. Neue Wohnung einrichten
4.1. Wohnung renovieren
4.2. Wohnung reinigen
4.3. Umzugsgut in der Wohnung verteilen
4.4. Möbel aufstellen
5.0. Ämter und Formalitäten
5.1. Abmelden und anmelden
5.2. Wasser, Strom und Telefon
5.3. Post Nachsendeantrag, Briefkasten, Namensschild an die Haustür
5.4. Neue Adresse an Freunde, Geschäftspartner, Krankenkasse usw.

Man kann die Gliederung in Form eines Baumschemas darstellen. Diese so genannte *Mindmap* (nach *Tony Buzan*) gibt einen Überblick über ein Thema und ist ein effektives Werkzeug beim Schreiben und Lernen. Mindmaps sind so effektiv, weil ihre Struktur dem Aufbau unseres Gehirns mit seinen Nervenverbindungen und Verästelungen entspricht. Hier ein Beispiel für eine Mindmap:

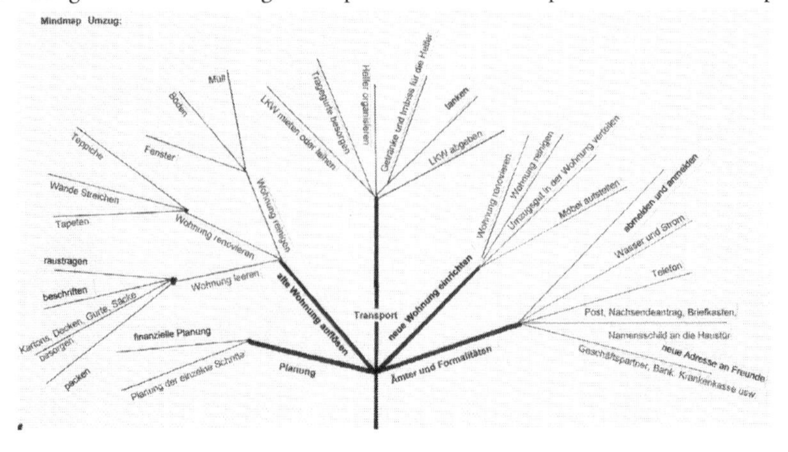

Noch effektiver sind Mindmaps, die anstelle von Wörtern Bilder zeigen. Es folgt eine Bild-Mindmap zu der Grobgliederung des Themas Umzug (Planung, alte Wohnung auflösen, Transport, neue Wohnung einrichten, Ämter und Formalitäten).

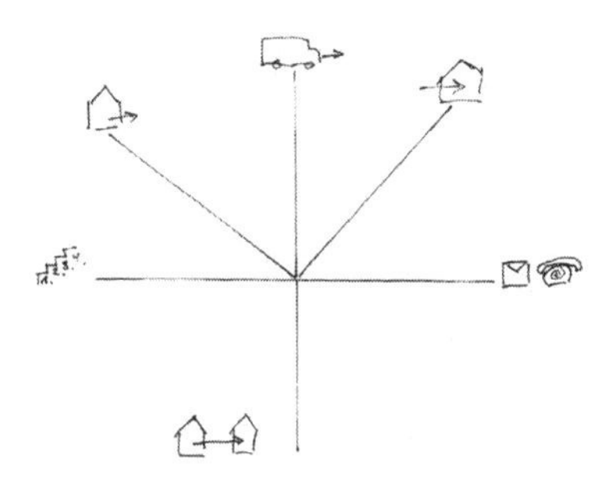

In Kapitel 24 finden Sie eine Mindmap zum Thema *Kreativität.* Die Erstellung dieser Mindmap war der wichtigste Schritt zu diesem Buch.

Es ist günstig, wenn man außer der Gliederung vor dem Beginn des Schreibens eine Grundthese hat, einen roten Faden, der das Buch durchzieht, wenn man weiß, was man dem Leser mitteilen will. In diesem Buch ist eine Hauptthese, dass Kreativität unser Leben erfüllter und erfolgreicher macht.

Ideen zum Schreiben selbst

Wenn Gliederung und Feingliederung fertig sind, wie beginnt man mit dem Schreiben selbst? Viele sitzen stundenlang an einer Formulierung. Ich habe mit folgender Methode gute Erfahrungen gemacht: Ich öffne auf meinem PC zwei untereinander liegende Fenster mit einem Schreibprogramm, zum Beispiel *Word.* Ins obere Fenster schreibe ich die Stichpunkte eines Kapitels in der gewünschten Reihenfolge. Ins untere Fenster schreibe ich den Text.

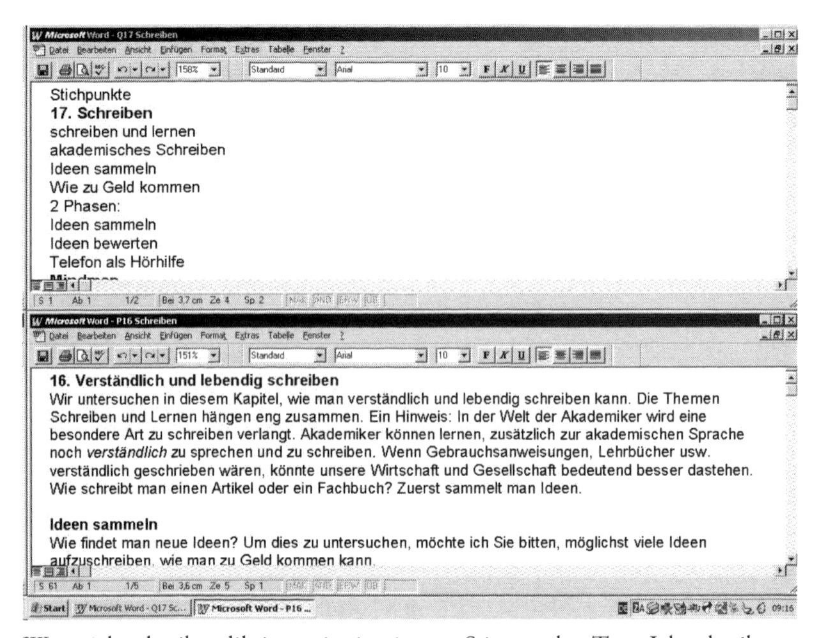

Wenn ich schreibe, diktiert mir eine innere Stimme den Text. Ich schreibe so schnell wie möglich, ohne mir Gedanken über den Stil zu machen. Ich schreibe, als würde ich mit einem Freund reden. Je weniger ich über den Stil nachdenke, desto besser schreibe ich. Wenn mir ein Wort nicht einfällt, lasse ich eine Lücke. Man kann das, was man schreiben will, auch auf Tonband sprechen und dann abschreiben. Diese erste Fassung überarbeite ich immer wieder. Zwischen den Überarbeitungen beschäftigt sich das Unbewusste weiter mit dem Text. Bei jeder Überarbeitung fallen mir Korrekturen ein. Beim Überarbeiten überlege ich: Kann man sich Bilder zu dem Text machen? Ich begebe mich in die Position eines Lesers, der noch nie von dem Thema gehört hat, und überlege, ob er den Text verstehen kann. Ich schreibe möglichst kurze Sätze. Kurze Sätze kann man leichter verstehen. Ich vermeide, wenn möglich, Verneinungen, die sind schwerer zu verstehen. Verstehen Sie den folgenden Satz: »Um die Vernachlässigung der Verleugnung der fehlenden Negierung nicht zu ignorieren«? Genauso vermeide ich Passivkonstruktionen. Der Satz »Ein LKW wird gemietet« ist schwerer zu verstehen als der Satz »Ich miete einen LKW«. Man kann sich zu dem zweiten Satz ein klareres Bild machen.

Ich benutze möglichst viele Verben (ich schreibe) und möglichst wenig Verdinglichungen (Wenn man etwas, was man tut, so behandelt, als wäre es ein

Gegenstand: »*Es gibt halt so viel Sauferei*«). Ich habe in einem NLP Fachbuch die folgende Serie von Verdinglichungen gefunden: »Die Veränderung der Realisierung der Verhaltens*absicht.*« Wenn ich das lese, entsteht bei mir nur Nebel im Gehirn. Wenn man mit vielen Verben schreibt, wird der Text lebendig. Hilfsverben wie »ist« und »haben«, und Verben wie »tun« und »machen« vermeide ich möglichst. Sie sind blass, man kann sich schwer ein Bild dazu vorstellen. Ich frage mich bei jedem Satz: Kann ich den Inhalt einfacher, klarer und kürzer ausdrücken? Ich frage mich bei jedem Wort: Wenn ich das Wort streiche, kommt der Inhalt trotzdem rüber? So streiche ich die meisten Adjektive wie »gut« oder »sehr«. Es reicht zu schreiben, »es hilft«, der Satz »es hilft sehr« gibt keine wesentliche zusätzliche Information. Das Wort »muss« vermeide ich, es schafft Druck und Widerstand. Wenn ich etwas Theoretisches schreibe, gebe ich ein praktisches Beispiel, das den Satz illustriert. Günstig ist, das Geschriebene mit kleinen Geschichten zu illustrieren, so erreicht man beide Gehirnhälften und das Unbewusste. *Ludwig Wittgenstein* meinte, ein Buch müsse aus Beispielen bestehen.

Diese Art zu schreiben nutzt beide Gehirnhälften, den Verstand und die Intuition. Es gibt auch Menschen, die am liebsten mit Stift auf Papier schreiben.

Es hat allerdings einen ‚Nachteil', wenn man klar und verständlich schreibt: Man kann nicht mehr hinter einer Nebelwand von unverständlichen Fremdwörtern und komplizierten Satzkonstruktionen verbergen, dass man selbst nicht versteht, was man schreibt. Und in Deutschland wird man für primitiv gehalten, wenn man verständlich schreibt.

Frederic Vester bringt in dem Buch *Denken, Lernen, Vergessen* ein schönes Beispiel für einen komplizierten Satz aus der Abschrift einer Tonbandaufnahme eines Deutschunterrichts: »… und zwar im Präsens beziehungsweise Perfekt, da ja der Konjunktiv Perfekt mit den Hilfszeitwörtern *sein* und *haben* im Imperfekt gebildet wird, ganz gleich, ob diese indirekte Rede im Präsens oder im Präteritum steht - also, bei der Anwendung des Modus in der deutschen indirekten Rede gibt es als Grundregel: Es steht immer der Konjunktiv Präsens, ganz gleich, ob …«

Karl Valentin schrieb: »Es freut mich ungemein, dass Sie, wie Sie, wenn Sie hätten, widrigenfalls ohne direkt, oder besser gesagt, inwiefern, nachdem naturgemäß es ganz gleichwertig erscheint, ob so oder so, im Falle es könnte oder es ist, wie erklärlicherweise in Anbetracht oder vielmehr, warum es so gekommen sein kann oder muss, so ist kurz gesagt kein Beweis vorhanden, dass es selbstverständlich erscheint, ohne jedoch darauf zurückzukommen, in welcher zur Zeit ein oder mehrere in unabsehbarer Weise sich selbst ab und zu zur Erleichterung beitragen werden, ohnedem es wie ja unmöglich erscheint in bis jetzt noch nie, in dieser Art wiederzugebender Weise, ein einigermaßen in sich selbst, angrenzend der Verhältnisse, die Sie, wie Sie, ob Sie gegen sie oder für sie nutzbringend in sich selbst von vorne als gänzlich ausgeschlossen erachtet werden wird und dass ohnehin einer ferngehaltenen Verschlimmerung ein, oder ein in irgendeinen einigermaßen einzig verschwiegen ist.«

18. Erfindungen und Entdeckungen

Ein Grundprinzip bei Erfindungen ist, statt sich über Probleme zu ärgern, sie als Chancen für Erfindungen zu betrachten. Man definiert das Problem genau, findet heraus, was man erreichen will und sucht nach Lösungen, dieses Ziel zu erreichen.

Der russische Wissenschaftler *Genrich Altschuller* hat 40 Grundprinzipien gefunden, die allen Erfindungen zugrunde liegen. Ein paar Beispiele:

Das Prinzip der russischen Matrjoschka, der Puppe, in der sich immer kleiner werdende Puppen befinden: Man überführt ein Objekt ins Innere eines anderen Objekts. Angewendet wird dieses Prinzip zum Beispiel bei stapelbaren Stühlen und ausziehbaren Teleskopantennen. Dieses Prinzip ermöglicht, Platz zu sparen, Dinge zu verstauen und zu ordnen.

Das Prinzip, *probiere das Gegenteil*. Ein Beispiel: Eine Schokoladenfabrik hatte das Problem, Sirup in Fläschchen aus Schokolade zu füllen. Wenn man den Sirup erhitzt, wird er dünnflüssig, aber die Schokoladenfläschchen schmelzen. Die Lösung bestand darin, es mit dem Gegenteil zu versuchen. Man gießt den Sirup in eine Flaschenform, friert den Sirup ein, nimmt ihn aus der Form und taucht das gefrorene Fläschchen kurz in ein Bad mit heißer Schokolade. So wird der Sirup mit einer Schicht Schokolade umhüllt.

Das Prinzip der vorherigen Wirkung. Ein Beispiel: Als Warnung vor Lecks bei geruchlosen, gefährlichen Gasen wird vorher ein ungefährlicher, aber stark riechender Zusatzstoff in das Gas eingeführt, der schon in verschwindend geringer Konzentration riechbar ist.

Das Prinzip Zerlegung. Dieses Prinzip wird beim Zweikomponentenklebstoff angewendet. Die Komponenten können in getrennter Form nahezu unbegrenzt gelagert werden und werden erst hart, wenn sie vermischt werden. Ein weiteres Beispiel: Vor dem Umzug einer Bibliothek bat man die Leser, möglichst viele Bücher auszuleihen und sie später ins neue Gebäude zurückzubringen. So mußten beim Umzug weniger Bücher transportiert werden.

Das Prinzip des Übergangs zu anderen Dimensionen. Ein Beispiel: Die Nutzfläche eines endlosen Schleifbandes wird verdoppelt, indem es in ein Möbiusband verwandelt wird: Ein endloses Band wird durchschnitten, ein Ende um 180 Grad gedreht und mit dem anderen Ende verbunden.

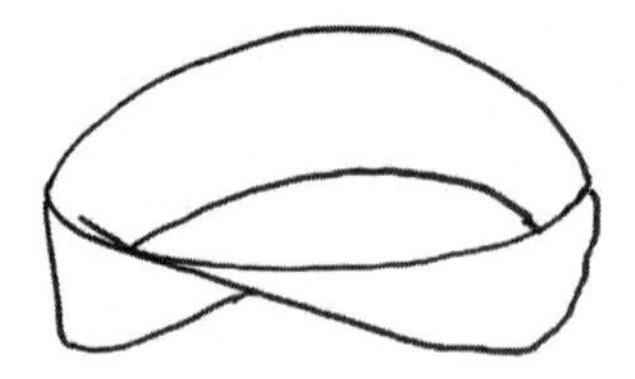

Das Prinzip Farbveränderung. Ein Beispiel: Ein durchsichtiger Wundverband erlaubt die Beobachtung einer Wunde, ohne den Verband abzunehmen.

Das Prinzip Abtrennung. Ein Beispiel: Um das Risiko einer ungewollten Explosion zu minimieren, werden Zünder und Sprengsatz getrennt aufbewahrt und erst kurz vor dem Einsatz zusammengeführt.

Das Prinzip Asymmetrie. Ein Beispiel: leicht asymmetrische Teile werden beim Montieren oft verwechselt. Man kann die Asymmetrie verstärken, um sie deutlicher zu machen.

Weitere Informationen zu diesen Prinzipien finden Sie bei *Wikipedia* unter dem Stichwort *Genrich Altschuller.*

Bionik, von der Natur abschauen

Viele Erfindungen kommen zustande, indem man von der Natur abschaut. So hat man von der Lotusblume gelernt, die Schmutz und Wasser abperlen lässt.

Entdeckungen

Der amerikanische NLP Trainer *Robert Dilts* hat die Denkstrategie *Albert Einsteins* untersucht. Am Anfang einer neuen Idee standen innere Bilder und manchmal ein Gefühl von Bewegung in seinen Muskeln. Erst später suchte er mühsam Worte und Formeln für diese Ideen.

19. Kreativität in weiteren Bereichen

Geschäftsleben

Langsam erkennt auch die Wirtschaft, wie wichtig Kreativität ist. In allen Bereichen der Wirtschaft kann man mithilfe von Kreativität Produkte und Dienstleistungen erfinden und verbessern, das Design verbessern, die Arbeitsabläufe effizienter gestalten, die Kommunikation verbessern, den Verkauf steigern usw.

Lebenskunst

Mithilfe von Kreativität können wir unser Leben erfolgreicher und angenehmer gestalten. Mein Buch *Neue Lebensperspektiven* ist eine Einführung in die Lebenskunst und ins NLP. In dem Buch können Sie eine Vielzahl von Ideen zu folgenden Themen finden: Was kann man tun, wenn es einem schlecht geht? Wie kann man seinen emotionalen Zustand verbessern? Jederzeit in einen guten emotionalen Zustand kommen; neues Verhalten lernen; wie kann man andere kritisieren? Wie man auf Kritik reagieren und wie man sich schützen kann; Verhandlungen führen; Konflikte lösen; Helfen und Nein sagen; Blockaden auflösen; unerwünschtes Verhalten ablegen; Gefühle; Möglichkeiten, Kontakt und Vertrauen zu bekommen; gelungene Kommunikation; die Kunst, Fragen zu stellen; elegante Kommunikation mit der Sprache der Trance; einschränkende und unterstützende Überzeugungen; was ist Ihnen wichtig? Geld; Entscheidungen treffen; Ziele formulieren und erreichen.

Lernen

Mein Buch *Effektiv und mit Leichtigkeit Lernen* behandelt, wie man kreativ lernen kann.

Sex

Auch unser Sexualleben können wir kreativer gestalten. Ich hatte einmal eine Frau in meiner Beratung, die erzählte, dass vor ihrer Hochzeit mit ihrem Mann, nennen wir ihn hier Ben, im Bett alles wunderbar lief. Ab dem Moment der Hochzeit hatte sie jedoch keine Lust mehr auf ihren Mann. Und sie sagte, das liege nicht an ihm, das komme nur von ihr. Ich fragte die Frau ganz ‚harmlos', was sie mit Ben anstellen würde, wenn er *nicht* ihr Mann, sondern ihr Liebhaber wäre. Die Frau schloss die Augen, saß eine Stunde lang da, grinste von einem Ohr zum anderen und stellte sich dabei alle möglichen und unmöglichen Dinge vor, die sie mit Ben anstellen könnte.

Wenn Sie mit ihrer Partnerin neue Dinge ausprobieren wollen und befürchten, dass ihre Partnerin schockiert auf Ihre Wünsche reagiert, können Sie folgenden Trick anwenden. Nehmen wir an, sie würden gerne einmal mit Ihrer Partnerin X ausprobieren. Nun können Sie in einem entspannten Moment nebenbei Ihrer Partnerin erzählen, dass Sie im Radio von einem Paar gehört haben, die zusammen X gemacht haben. Und beobachten Sie dabei unauffällig Ihre Partnerin. Wenn sie schockiert reagiert, können Sie sagen: »Komisch, was Leute so machen.« Wenn Ihre Partnerin leuchtende Augen bekommt, können Sie sagen: »Das könnten wir vielleicht auch einmal ausprobieren.«

Kochen

Beim Kochen kann man kreativ werden. Man kann neue Rezepte ausprobieren oder erfinden, das Essen schön dekorieren.

Ein Parfum kreieren

Wenn die Parfümeurin *Tam* von der Insel *La Réunion* für eine Kundin ein Parfüm kreiert, lässt sie die Kundin verschiedene Düfte riechen und fragt bei jedem Duft: »Was fühlst du? Welche Farben siehst du? Welche Orte hast du vor Augen? - Parfümerie ist wie Musik, man spielt mit Noten und Emotionen.«

Sport

Im Sport kann Kreativität helfen. Der mittelmäßige Hochspringer *Dick Fosbury* erfand eine neue Technik des Hochsprungs, den *Fosbury-Flop*, bei dem man rückwärts über die Latte springt, und gewann damit die olympische Goldmedaille.

Timothy W. Gallwey hat untersucht, was Tennisprofis während des Spiels tun. Sie sagen sich nicht: du mußt jetzt weit ausholen und fest auf den Ball schlagen. Dafür sind zu viele Dinge gleichzeitig zu berücksichtigen und der bewusste Verstand ist dafür viel zu langsam. Erfolgreiche Tennisspieler haben vielmehr die ganze Zeit den Ball im Blick und stellen sich vor, wohin der Ball fliegen soll. Den Rest überlassen sie dem Unbewussten und den immer wieder eingeübten automatisierten Bewegungsmustern.

TEIL D
Übungen und Spiele

20. Übungen und Spiele

Man kann auch ohne Ausbildung in allen 5 Sinnen kreativ werden. Im Seh-Kanal kann man fotografieren, im Hörkanal trommeln und in der Badewanne singen, im Fühlkanal einen Klumpen Ton bearbeiten und im Riech- und Schmeckkanal kochen. Ich stelle jetzt Übungen und Spiele zur Anregung der Kreativität vor, geordnet nach den Themen Bewegung, Töne, Theater, Kommunikation, Fühlen, Skulptur, Gruppenübungen, Malen, Wahrnehmung, Spiele und Traumreisen.

Als Gruppenleiter achte ich darauf, dass die Teilnehmer sich nicht körperlich oder psychisch verletzen und ein Gefühl der Achtung und des Vertrauens entsteht, das Fehler zulässt. In Gruppen habe ich vier Ziele: Dass ein gutes Gruppenklima entsteht, die Teilnehmer in eine gute Stimmung kommen und etwas sinnvolles lernen und auch ich mich wohlfühle.

Ich arbeite dabei nach dem Prinzip *Begleiten und Führen*. Ich hole die Teilnehmer da ab, wo sie sich befinden, begleite sie eine Zeitlang, um Kontakt aufzubauen und führe sie in kleinen Schritten zu mehr Lockerheit und Kreativität.

Bei den Übungen wechsle ich hier vom förmlichen *Sie* zum persönlicheren *Du*. Am Ende einer Übungsrunde treffen sich alle im Kreis. Jeder kann erzählen, wie es ihm bei den Übungen ging. Hier darf jeder nur von sich sprechen, nicht das, was andere gesagt haben, bewerten, Ratschläge geben oder andere bemitleiden. Natürlich kann man sagen: »Was du gesagt hast, hat mich berührt.« Ich will vermeiden, dass die Teilnehmer anfangen zu diskutieren. Damit kann man jede Erfahrung und jedes Gefühl kaputtreden.

Bewegung

Die folgenden Übungen eignen sich für den Beginn eines Workshops.

Frei Tanzen

Frei tanzen zu Musik, etwa *Ella, Elle l'a* von *France Gall*, *Don't stop the dance* von *Bryan Ferry* oder *Cuba* von den *Gibson Brothers*.

Durch den Raum gehen und sich ausweichen

Alle gehen möglichst schnell durch den Raum. Dabei versucht jeder, den anderen auszuweichen. Die Übung ist genial. Sie begleitet, was Menschen sowieso machen: Sie weichen sich aus. Gleichzeitig hat die Übung den paradoxen Effekt, dass beim Ausweichen ein intensiver Blickkontakt entsteht.

Einem alten Freund zufällig begegnen
Alle gehen durch den Raum. Plötzlich sehe ich von Weitem einen Freund, dem ich schon lange nicht mehr begegnet bin. Freudestrahlend gehe ich auf ihn zu. Kurz bevor ich ihn begrüße, merke ich, dass ich mich getäuscht habe und drehe enttäuscht ab.

Verschiedene Arten des Gehens
Alle gehen durch den Raum und spielen nach Ansage des Leiters folgende Arten des Gehens:

Als Dieb nachts in einem leeren Schloss.

Mit Putzfimmel durch den Raum gehen und alles und jeden mit einem imaginären Staubwedel oder Tuch abwischen.

Mit einem riesigen imaginären Hund an der Leine gehen, der einen hinter sich herzieht.

Vorsichtig auf dünnem, brüchigem Eis gehen.

Gegen Widerstand wie einen starken Wind gehen.

Mit einer imaginären Lampe an der Hüfte durch den Raum gehen und den Raum ausleuchten.

In Zeitlupe gehen, so langsam wie möglich.

Normal gehen.

Eine Minute lang unauffällig einem anderen Teilnehmer folgen und dessen Art zu Gehen beobachten. Dann eine Minute dessen Art zu Gehen nachahmen.

Wieder normal gehen.

Finde heraus, welche Art des Gehens typisch ist für dich und verstärke diese Bewegung, übertreibe deine Art zu Gehen.

Gehe wieder normal.

Finde den Gang, der dir entspricht.

Mit Hut: Wer den Hut trägt, gibt eine Art des Gehens vor, die anderen ahmen diese Art des Gehens nach.

Gehen wie ein Guru, ein Rockstar, eine Prostituierte; wie jemand, der eilig auf die Toilette muss.

Gehen mit dem Gefühl eines Luftballons an Stelle des Bauches, der Luftballon wird mit dem Atem kleiner und größer.

Wieder normal gehen.

Im Kreis:
Übung: Eine Bewegung im Kreis weitergeben
Der Leiter macht eine Bewegung, im Uhrzeigersinn wird die Bewegung

weitergegeben, jeder kopiert seinen Vorgänger, dabei verändert sich die Bewegung langsam; eventuell mit Ton.

Übung: Einen imaginären Gegenstand im Kreis weitergeben
Im Kreis. Der Leiter zeigt einen imaginären Gegenstand, zum Beispiel einen Ball durch Auftippen des Balls auf den Boden und Fangen, gibt den Gegenstand an den nächsten im Kreis weiter. Dieser übernimmt den imaginären Ball, verändert ihn in etwas anderes, zum Beispiel in einen Kaugummi, kaut darauf rum und reicht diesen weiter.

Tanzen
Übung: Um ein imaginäres Lagerfeuer tanzen, im Raum tanzen
Im Kreis um imaginäres Lagerfeuer tanzen mit afrikanischer Musik.
Durch den Raum tanzen und sich dabei in den freien Raum um einen herum bewegen.

Übung: Ein Tänzer in der Mitte
Ein Teilnehmer tanzt in der Mitte, die anderen tanzen im Kreis um ihn herum. Der Teilnehmer in der Mitte gibt die Art des Tanzens vor. Irgendwann geht er zurück in den Kreis und bestimmt seinen Nachfolger, indem er ihm leicht auf die Schulter tippt.

Übung: Tanzen wie Tiere und Elemente
Der Leiter setzt einem Tänzer einen Hut auf. Dieser benennt das Tier oder das Element, das nun alle tanzen. Irgendwann gibt der den Hut und damit das Kommando weiter. Tanzen wie ein Tiger, ein Bär, eine Schlange, ein Vogel, wie Luft, Feuer, Wasser, Bäume, ein Vulkan, der Wind, das Meer.

Übung: Tanzen mit Seidentüchern
Jeder Teilnehmer bekommt ein leichtes, dünnes (Seiden)-Tuch. Alle tanzen zu Musik mit diesen Tüchern.

Übung: Tanzen
Tanzen auf der Stelle, dann sich vorwärts, rückwärts, seitlich bewegen, sich drehen und tief in die Knie gehen. Die verschiedensten Bewegungen und Gefühle wie Angst, Wut, Trauer, Freude beim Tanzen spielerisch ausdrücken.

Übung: Tanzen mit Stopp und einfrieren
Tanzt zu Musik. Irgendwann stoppt der Leiter die Musik und ruft gleichzeitig STOPP! Bleibt in diesem Moment wie eingefroren in eurer Bewegung stehen und spürt, wie sich das anfühlt. Wenn die Musik wieder einsetzt, tanzt weiter.

Übung: Eine Bewegung entstehen lassen
Steh locker da und spür deinen Körper. Wenn du eine Bewegung, eine Verspannung oder ähnliches spürst, verstärke sie und folge dieser Bewegung. Es können auch Töne entstehen. Wenn etwas entsteht, beobachte es wie ein unbeteiligter Zeuge.

Auf dem Boden
Fallen und wieder aufstehen, langsam und vorsichtig, am besten auf weichen Matten.
Auf dem Boden rollen, robben, sich wenden usw.
Die verschiedensten Arten der Bewegung auf dem Boden ausprobieren.
Wie ein Tiger, ein Bär, eine Schlange, Wasser, Erde, Luft, Feuer, Sand tanzen.
Ein Küken schlüpft aus dem Ei.
Eine Blüte öffnet sich.
Auf dem Boden zu *Shake Your Booty* von *KC & the Sunshine Band* seine Hüfte und seinen Hintern bewegen.

Im Stehen
Über die verschiedenen Körperteile in Bewegung und Tanz kommen. Mit oder ohne Musik.
Beginnen mit der Hüfte.
Mit dem Hals und dem Kopf.
Mit dem Rücken, wie eine Schlange.
Nur mit den Händen tanzen, langsam die Arme dazunehmen.
Mit den Schultern.
Mit den Ellenbogen.
Mit dem Bauch.
Mit den Knien.
Mit den Füßen.

Töne
Als Einstieg in den Bereich Musik eignet sich das Thema Rhythmus.

Rhythmus

Übung: Getränkedosen

Leere Alu-Getränkedosen mit etwas ungekochten Reis oder Wachsresten füllen und mit einem Gewebeklebeband verschließen. Die Dosen sollten vernehmlich rasseln, wenn man sie schüttelt. Jeder Teilnehmer bekommt zwei Dosen, für jede Hand eine.

Geht durch den Raum und rasselt mit den Dosen im Rhythmus des Gehens. Wechselt langsam vom Gehen ins Tanzen und rasselt weiter mit den Dosen.

Stimme

Zum Aufwärmen für die Arbeit mit unserer Stimme eignen sich folgende Übungen:

Übung Gähnen und Lachen

Diese Übung eignet sich besonders für Menschen, denen es schwerfällt, in der Früh in die Gänge zu kommen.

Dehne und strecke dich nach dem Aufwachen drei Minuten lang genüsslich wie eine Katze. Nach drei Minuten kannst du zu lautem Lachen übergehen. Manchmal hilft es, am Anfang nur so zu tun, als ob man lachen würde, das gespielte Lachen geht oft über in ein echtes Lachen.

Es gibt Menschen, die sich zwingen, den ganzen Tag zu lächeln. Dies ist anstrengend und führt zu Verspannungen. Es ist ein feiner und bedeutender Unterschied, wenn man so tut, als würde man lachen.

Übung: Auf den Körper klopfen mit Tönen

Klopfe mit deinen Fäusten oder mit den Handflächen leicht auf deine Brust und mache dabei einen Ton. Gehe mit diesem klopfenden Massieren deinen Körper durch. Klopfe deinen Kopf und dein Gesicht (hier besonders sanft klopfen), den Hals, die Schultern, den Oberkörper, deine Beine und deine Füße und mache dazu einen Ton.

Übung: Kopf, Gesicht, Hals und Oberkörper massieren mit Tönen

Massiere liebevoll deinen Kopf, dein Gesicht, deinen Hals, die Schultern, Arme und deinen Oberkörper, deine Beine und Füße. Du kannst Töne dazu machen.

Übung: Grimassen machen

Allein, mit Partner oder in der Gruppe

Bewege dich durch den Raum und mache dabei möglichst komische Grimassen. Du kannst dazu auch Töne machen. Begegne den anderen mit den verrücktesten Grimassen und Tönen.

Übung: Töne im Kreis

Alle stehen im Kreis mit dem Blick in die Mitte. Der Gruppenleiter macht einen Ton und eine Bewegung vor, die Teilnehmer wiederholen den Ton und die Bewegung zusammen mit dem Gruppenleiter dreimal:

schu, scha, scho, schau, schei
wu, wei, wa, wo, wau
su, so, sei, sah, sau
usw.

Als Einstieg in den Bereich des Singens eignet sich folgende Übung:

Übung: Summen mit geschlossenem Mund (allein oder in der Gruppe)
Sitz im Kreis, schließ die Augen und summe mit geschlossenem Mund. Verändere die Tonhöhe, mache mit geschlossenem Mund höhere und tiefere Töne. Finde den Ton, der im Moment für dich stimmig ist. Summe weiter und öffne langsam den Mund. Verändere die Tonhöhe, mache mit offenem Mund höhere und tiefere Töne. Finde den Ton, der im Moment für dich stimmig ist. Komm in einen Singsang. Achte auch auf die Stimmen der anderen. Experimentiere mit verschiedenen Rhythmen, mit verschiedenen Musikstilen wie Blues, Jazz, Soul, afrikanischer und bayerischer Musik, werde mal schneller, mal langsamer, probiere verrückte Töne aus, pfeife, schnalze, werde am Ende wieder langsamer und leiser, schließe den Mund während du weiter summst und den Ton langsam ausklingen läßt.

Übung: Vorlesen
Als Einstieg in das Thema Theater eignet sich, ein Märchen oder eine kurze Geschichte vorzulesen. Achte auf deine Stimme, deine Mimik, deine Gestik, deine Körperhaltung und die Richtung, in die du sprichst. Und achte darauf, den Inhalt und die Gefühle den Zuschauern rüberzubringen. Du kannst dich dabei mit Video aufnehmen und später das Video anschauen. Und sei gnädig mit dir selbst, wenn du dein Video anschaust.

Übung: Ein Märchen erzählen
Erzähle der Gruppe ein Märchen.

Übung: Singen und dazu tanzen
Mit Partner. Ein Partner singt ein improvisiertes Lied (mit oder ohne Text), der andere Partner tanzt dazu. Mit dem gleichen Partner die Rolle wechseln.

Übung: Suaheli sprechen
Allein, mit Partner oder in der Gruppe. Rede in einer fiktiven Sprache, die du nicht kennst, in einem Kauderwelsch. Benutze dabei deine Mimik, deine Gestik und deinen Körper. Spiele folgende Themen:

Jammern, betteln, nörgeln, sich gegenseitig einen Teppich verkaufen, sich streiten, fluchen, der Verkäufer des Jahres hält eine Rede, und am schwersten: sich selbst loben auf Suaheli.

Übung: Einen Ton durch den Körper wandern lassen

Beginne zu summen, öffne deinen Mund und singe. Lasse den Ton in deinen Kopf wandern, in deinen Hals, in die Brust, in dein Herz, in deinen Bauch. Du kannst dich dazu auch bewegen.

Übung: Jahai!

Diese Übung kommt von den *Sufis*, einer Strömung des Islam. Mit dieser Übung kann man nach der Mittagspause selbst die Müdesten aufwecken.

Im Kreis. Der Leiter macht es einmal vor, die Gruppe wiederholt die Übung viermal. Alle schauen jemanden an, der im Kreis gegenübersteht. Der Leiter geht mit Bewegung und Jahai! Jahai! Jahai! in Richtung Kreismittelpunkt. Alle halten sich dabei im Kreis an den Händen. Jahai bedeutet frei übersetzt: Das Leben ist geil!

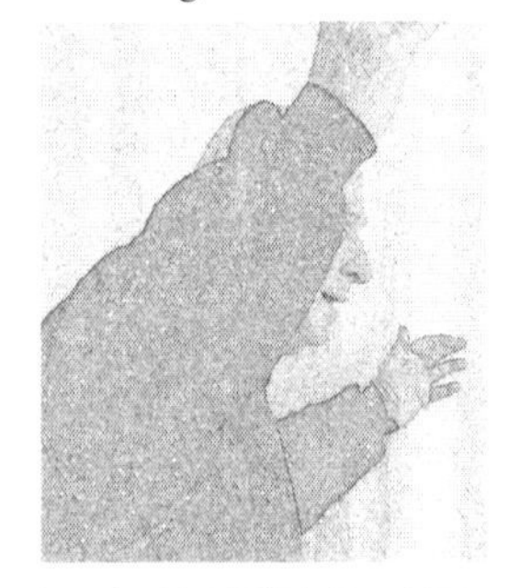

Übung: Erachim, Erachman, Hoi

Diese Übung ist ebenfalls von den Sufis.

Im Kreis. Der Leiter macht es zweimal vor, die Gruppe wiederholt die Übung viermal.

Der Leiter macht mit seinen Armen eine Bewegung nach oben mit dem Wort *ERACHIM. Die Betonung liegt auf dem I.* Das bedeutet frei übersetzt: Ich nehme die göttliche Energie vom Kosmos auf. Der Leiter gibt die Energie mit einer weiten Bewegung in Richtung Boden und sagt *ERACHMAN.* Die Betonung liegt auf dem A am Ende. Erachmán bedeutet: Ich gebe die göttliche Energie der Mutter Erde. Der Leiter holt mit einer weiten, kreisförmigen Bewegungen der Arme die Energie aus der Erde und wirft sie in die Runde mit HOI! *Hoi* bedeutet: Ich gebe euch die göttliche Energie und freue mich über das Leben.

Übung: langsam gehen mit Choral wie Mönche im Mittelalter
Stelle dir vor, du bist ein Mönch im Mittelalter in einem Kloster. Du gehst in der Gruppe der Mönche in der Früh um 5 Uhr langsam und bedächtig durch den Raum; komm dabei in einen Singsang und später in einen Choral.

Übung: Ja - Nein
Mit Partner. Ein Partner sagt immer *Ja*, der andere immer *Nein.*
Die Rollen wechseln. Achtung: Diese Übung kann starke Gefühle wachrufen.

Übung: Spiegelei
Mit Partner. Sich mit dem Partner unterhalten, flirten oder streiten. Beide benutzen dabei ausschließlich das Wort *Spiegelei!*

Übung: Ton weitergeben
Im Kreis. Ein Teilnehmer oder der Leiter gibt einen Ton vor. Der nächste kopiert diesen Ton. Der Ton wandert im Kreis und wird mit jeder Kopie etwas verändert.

Eine Übung aus dem Lach Yoga
Zwei Partner stehen gegenüber. Schau deinen Partner ernst an, ihr dürft erst am Schluss lachen. Hebe den rechten Arm und zeige mit dem Zeigefinger auf den gestreckten Zeigefinger des Partners. Geh langsam auf den Partner zu und schau weiter ganz ernst. Erst wenn die Finger sich berühren, dürft ihr lachen.

Übung: Dehnen
Gähne, dehne und strecke dich wie eine Katze, du darfst auch lachen und dabei Grimassen schneiden.

Theaterimprovisation
Das faszinierende am Theaterspielen ist, dass man Neues ausprobieren und neue Seiten von sich entdecken kann. Mir hat die Übung im Theaterimprovisieren geholfen, auch im ‚normalen' Leben spontaner und lebendiger zu werden. Als Beispiel folgt eine Geschichte aus meinem Anekdotenband der *Rabel.*

Theatertreffen
Großes Treffen von Jugendtheatern. Nach den Vorstellungen von Theatergruppen aus ganz Deutschland kam die Preisverleihung. Ein liebenswert kauziger Professor mit langen Haaren, Rollkragenpullover und beigem Jackett hält eine langatmige Rede.

Als ich nach Hause gehen will, komme ich im Foyer zufällig bei dem Professor vorbei. Ich flüstere ihm zu: »Also, diesen Professor haben Sie perfekt gespielt!«

Übung: Masken
Jeder Teilnehmer sucht sich eine Halbmaske aus. Improvisiert in der Gruppe mit den Halbmasken. Ihr könnt eine Oper oder eine Operette dazu singen. Der Leiter kann ein Thema vorgeben.

Groteskes Schauerdrama *An allem ist die Katze schuld*
Den Text des Stücks findet man im Internet. Der Leiter vergibt die Rollen, erklärt die Vorgehensweise und gibt jedem der fünf Darsteller den Text des Stücks. Die Darsteller beginnen sofort mit dem Spiel. Der komische Effekt entsteht vor allem dadurch, dass jeder Darsteller nicht nur seinen Text, sondern auch die Regieanweisungen vorliest. Ein Beispiel des Textes der Prinzessin: »Die wunderschöne Prinzessin ist immer noch tot, doch noch immer strahlt ihre Schönheit.«

In der Gruppe:
Der Leiter gibt das Thema bekannt und bestimmt die Darsteller. Diese beginnen sofort zu improvisieren.
Eine pantomimische Schneeballschlacht.
Drei Hundertjährigen streiten sich darüber, wer heute den Tee kocht.
Vier Aasgeier sitzen auf einem Ast und warten auf Beute.
Ein Schiff geht unter.
Ein Klassentreffen nach 50 Jahren.
Der missglückte Bankraub.
6 Richtige mit Superzahl im Lotto.
Der Gefängnisausbruch.
Der Fernseher ist kaputt.
Ein Flugzeug stürzt ab. Für 6 Personen gibt es nur 5 Fallschirme.

Satir-Kategorien-Spiel
Die Familientherapeutin *Virginia Satir* entdeckte, dass viele bei Stress in starre Rollen verfallen, in denen sie nur scheinbar kommunizieren. Die vier Rollen sind:

Der Ankläger
Der Ankläger ist ein Diktator. Er ist überheblich und macht anderen Schuldgefühle. Die Stimme ist hart und fest, oft schrill und laut. Er macht alles und jeden fertig. Er streckt einen beschuldigenden Finger aus. Er sagt Sätze wie: »Warum tust du das immer?« Der Ankläger will seine Bedeutung hervorheben,

nicht wirklich etwas herausfinden. Die heilende Lösung für den Ankläger ist, sich in andere einzufühlen.

Der Beschwichtiger

Der Beschwichtiger spricht in einer einschmeichelnden Art, mit kindlicher Stimme. Er will gefallen. Er entschuldigt sich dauernd und sagt zu allem *Ja*. Er kann nichts für sich fordern. Er hält sich nicht für wertvoll, er macht sich klein. Seine Stimme ist schwach und piepsig. Die heilende Lösung für den Beschwichtiger ist, seine Interessen wahrzunehmen.

Der Computer

Der Computer ist korrekt und vernünftig, er zeigt keine Gefühle. Der Körper ist starr. Er glaubt, sich keine Fehler erlauben zu dürfen. Die Stimme ist trocken und monoton, die Worte abstrakt. Die heilende Lösung für den Computer ist, seinen Körper und seine Gefühle zu spüren.

Der Ablenker

Was der Ablenker sagt oder tut hat keine Beziehung zu dem, was die anderen sagen oder tun. Er antwortet nie direkt auf eine Frage. Er ist ständig in Bewegung, wechselt das Thema und die Richtung, er weicht aus. Er wirkt zuerst lebendig, im Grunde ist er einsam. Die heilende Lösung für den Ablenker ist, bei einem Punkt zu bleiben.

Ich habe ein Spiel entwickelt, in denen die Teilnehmer die verschiedenen Kategorien spielerisch erleben können. Zunächst nimmt jeder eine der vier Karten A, B, C oder D.

Nachdem der Leiter die verschieden Satir Kategorien erklärt hat, wird jedem Teilnehmer zu Beginn jeder Runde gesagt, welche Rolle er spielt, also Vater, Mutter usw. und welche Kategorie er spielt, also Ankläger oder Beschwichtiger usw. So ist sichergestellt, dass jeder Teilnehmer alle Rollen einmal erlebt. Im Kasten unten ist aufgeführt, welche Rollen jeder Teilnehmer in jeder Runde spielt. Zu Beginn jeder Runde wird das Thema genannt. Die Teilnehmer fangen sofort an zu spielen.

Die Themen der Runden sind:

1. Runde: Die 13-jährige Tochter ist schwanger.

2. Runde: Der Sohn hat den neuen Mercedes des Vaters zu Schrott gefahren.

3. Runde: Der Vater wurde beim Griff in die Kasse erwischt, wurde entlassen und verliert kurz vor der Pensionierung seine Pensionsansprüche.

4. Runde: Samstagabend in einem Bürohochhaus im 17. Stockwerk im Aufzug, der Aufzug ist steckengeblieben. Das Nottelefon funktioniert nicht, keiner hat ein Handy dabei.

Die Aufteilung der Spieler in den Runden in den einzelnen Runden:				
Spieler:	A	B	C	D
1. Runde	Ankläger	Beschwichtiger	Rationalisierer	Ablenker
	Vater	Mutter	Sohn	Tochter
2. Runde	Ablenker	Ankläger	Beschwichtiger	Rationalisierer
	Tochter	Vater	Mutter	Sohn
3. Runde	Rationalisierer	Ablenker	Ankläger	Beschwichtiger
	Sohn	Tochter	Vater	Mutter
4. Runde	Beschwichtiger	Rationalisierer	Ablenker	Ankläger
	Mutter	Sohn	Tochter	Vater

Übung Zirkus

Ein Zirkusdirektor tritt auf, kündigt eine Attraktion an und benennt die Artisten, die sofort zu spielen beginnen. Es können auftreten ein Clown, ein Jongleur, ein Akrobat, ein Seiltänzer, ein Raubtierdompteur, ein Kraftmensch, ein Flohzirkus, ein Zauberer, ein Hypnotiseur, ein Entfesselungskünstler, ein Wahrsager. Der Conférencier kann auch wechseln.

Übung Eine Geschichte erzählen in Kreis

Jeder Teilnehmer erzählt zwischen einem und drei Sätze. Der Leiter fängt an, zum Beispiel mit: »Es war einmal ein kleines Mädchen, das ging an einem kalten Wintermorgen in die Schule.« Dann erzählt der nächste im Kreis weiter: »Da sah das Mädchen einen jungen Bären auf sich zukommen usw.«

Einzeln:

Durch hohen Schnee gehen
Unterm Regenschirm bei strömenden Regen
Einen schweren Koffer tragen
Einen Geldschein auf der Straße finden, unauffällig aufheben und einstecken
Fußballtrainer beim Weltmeisterschaftsendspiel
Zuschauer beim Striptease
Mick Jagger beim Konzert
Ein Sektenprediger
Einen Schmetterling fangen
Ein zerstreuter Professor
Eine kurzsichtige alte Dame

Ein Blinder will eine belebte Straße überqueren
Der Kampf gegen die lästige Fliege
Angst, ins kalte Wasser zu springen
Ein Fernsehansager, das Umschalten zu einem anderen Beitrag klappt nicht, er bleibt weiter im Bild
Ich habe Flöhe
Älter, jünger, größer und kleiner werden
Reifer und weiser werden
Dumm und idiotisch werden
Am Telefon einen Korb bekommen
Jemandem einen Korb geben
Aus Gummi sein und hüpfen
Eine ängstliche alte Jungfer und eine Maus
Einen Riesen-Hamburger essen
Ein Marsmensch oder Roboter
Einen Vogel, der aus dem Käfig entflohen ist, wieder einfangen
Mit einem Kater aufwachen
eine Hexe spielen
Essen süß, bitter, eine Banane, einen triefenden Pfirsich, sauer, ein fettiges Hühnchen
eine lebende Vogelscheuche spielen
einen Wahrsager spielen

Mit Partner:
Vater oder Mutter mit nörgelndem Kind

Hund und Herrchen. Ich war bei dieser Übung einmal der Hund. Ich wollte ausgiebig an einer Heizung schnüffeln, aber mein ‚Herrchen' zog mich immer wieder weg. Das nervte mich so, dass ich spontan ein Bein in seine Richtung hob. Das ‚Herrchen' erschrak so sehr, dass er aus dem Stand einen Riesensprung zur Seite machte.

Sich am Bahnhof für lange Zeit verabschieden
Ein Zahnarzt und sein Patient
Ein streitendes Ehepaar (nur auf Suaheli streiten)
Ein Chef und ein Arbeitssuchender

Erstes Treffen in einem Café nach einer Kontaktanzeige. Ich habe diese Szene in dem ersten Theaterworkshop, den ich geleitet habe, angeboten. Als erstes setzte sich ein schüchterner Althippie an den Tisch. Und dann kam keine Frau, sondern ein aufdringlicher Mann. Es dauerte eine Minute, bis der echte Schreck in einen gespielten Schreck überging.

Kontrolle U-Bahn Schwarzfahrer

Eine unerwartete Kündigung

Ein Chef und seine Sekretärin

Jemanden auf die Pelle rücken

Seinen Partner aus seinem Schneckenhaus locken

Ein aufdringlicher Versicherungsagent und ein unwilliger Kunde

Mit Partner eine riesige Glasscheibe tragen

Sich einen imaginären Ball zuwerfen oder Tennis spielen

Die folgende Szene habe ich in einem Berliner Lokal erlebt. Ein Paar sitzt an einem Tisch und streitet sich. Er sagt immer wieder: Aber glaube mir, es ist ein intellektuelles Problem! Worauf sie immer wieder antwortet: Aber nein, es ist ein emotionales Problem! Nach 10 Minuten fand ich das Theaterstück langweilig und verließ das Lokal.

Sich gegenseitig ein Liebeslied vorsingen

Ein Bewerbungsgespräch für einen Job

Ein Streit zwischen Vermieter und Mieter

Ein Regisseur vergibt die weibliche Hauptrolle auf der Couch

Übung: Improvisieren zum Fernsehbild

Schalte den Ton beim Fernseher ab. Improvisiere dazu, was die Menschen im Fernsehen gerade sagen. Nehme es eventuell mit Video auf und vergleiche, wie richtig du beim Improvisieren gelegen hast.

Aggression

Theater besteht aus Konflikten, auch im Leben spielen Konflikte eine große Rolle. Hier kann man sie spielerisch erleben.

Übung: Sich auf die Füße treten

Mit einem etwa gleichgroßen, gleichschweren und gleichstarken Partner. Die Partner verschränken ihre Finger mit den Fingern des Partners und versuchen nach dem Startkommando, ihrem Partner auf die Füße zu treten.

Bitte spielerisch und vorsichtig, vorher erklären!

Übung: Partner wegschieben

Mit einem etwa gleichgroßen, gleichschweren und gleichstarken Partner. Die

Partner stehen seitlich nebeneinander. Nach dem Startkommando versuchen beide, den Partner mit der Hüfte wegzuschieben.

Übung: Einer wird ausgeschlossen, er will zurück in den Kreis
Im Kreis, einer wird ausgeschlossen. Er versucht mit aller Kraft, wieder in den Kreis zu kommen. Macht es dem Ausgeschlossenen nicht zu leicht, aber lasst ihn am Schluss wieder in den Kreis. Dann wird der nächste Teilnehmer ausgeschlossen.

Übung: Boxkampf
Mit einem Partner einen Boxkampf spielerisch darstellen. Vorsicht! Die Partner dürfen sich nicht berühren und müssen einen Abstand von mindestens einem Meter einhalten.

Kommunikation und Vertrauen
Übung: zu zweit aufstehen
Mit einem etwa gleichgroßen und schweren Partner. Paarweise Rücken an Rücken auf dem Boden hocken, die Knie anziehen, die Füße auf den Boden stemmen und gemeinsam aufstehen, ohne sich mit den Händen vom Boden abzustemmen.

Übung: ‚blinden' Partner führen
Ein Partner führt, der andere schließt seine Augen und lässt sich führen. Mit dem Partner die Rollen tauschen.

Übung: sich in die Augen schauen
Zwei Partner sitzen sich gegenüber und schauen sich in die Augen; sie legen ihre rechte Hand auf den Solarplexus des Partners, ihre linke Hand auf die Hand des anderen, und summen dabei mit geschlossenem Mund.

Übung: Wirbelsäule bewegen

Partner A kniet auf dem Boden, Partner B legt eine Hand unten am Steißbein auf die Wirbelsäule seines Partners. Partner A bewegt leicht seinen Rücken, besonders an der Stelle, auf der die Hand seines Partners liegt. Partner B bewegt langsam seine Hand die Wirbelsäule nach oben, während A weiter seinen Rücken bewegt. Mit dem Partner die Rolle tauschen.

Übung: zusammen gehen

Mit einem etwa gleichgroßen und schweren Partner. Die Partner stehen sich gegenüber, geben sich die Hände, indem sie ihre Finger verschränken. Partner A steigt vorsichtig mit seinen Füssen auf die Füße von Partner B. Partner B geht langsam gemeinsam mit seinem Partner Schritt für Schritt nach vorne. Mit dem Partner die Rolle tauschen.

Übung: Zusammen in Zeitlupe gehen

Zwei Partner gehen zusammen so langsam wie möglich in Zeitlupe. Am besten in einem Park oder in einem ruhigen Stadtviertel.

Ich habe diese Übung einmal mit einem Partner an einem Sonntagmorgen in Berlin auf der Straße gemacht. Faszinierend fand ich, wie sich beim langsam Gehen die Aufmerksamkeit erhöht, wie sich die Perspektive laufend verändert und wie eine Beziehung zu dem Partner entsteht. Und mir fiel auf, wie viele Leute auf der Straße davon sprachen, dass sie keine Zeit haben, dass die Kinder schneller gehen sollen usw.

Übung: Mit Partner als Spiegel tanzen

Beide Partner stehen gegenüber und halten Blickkontakt. Zuerst führt Partner A, das heißt, er tanzt langsam und Partner B macht seine Bewegungen spiegelbildlich mit. Mit einem fließenden Übergang führt Partner B, irgendwann folgen beide gleichzeitig den Bewegungen des anderen, beide stellen sich vor, dass der andere führt. So bekommt die Bewegung ihr Eigenleben.

Variante zu dritt oder zu viert

Eine Variante dieser Übung ist, dass drei Partner im Dreiecksformation stehen, alle schauen in eine Richtung.

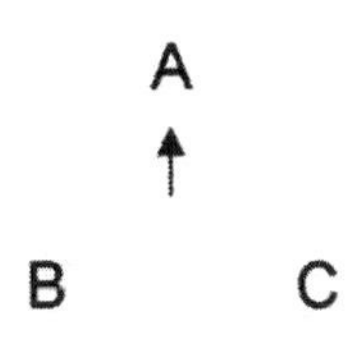

Derjenige, der vorne steht, also A, führt. Die anderen machen seine Bewegung mit. Irgendwann dreht sich A nach rechts, nun steht C vorne und führt. Dann dreht sich C nach rechts und B führt.

Übung: Tanzen mit Fingerkontakt
Mit einem Partner tanzen. Beide berühren sich mit einem Finger. Zuerst führt Partner A, das heißt Partner B geht mit ihm mit, B muss nicht spiegelbildlich die gleichen Bewegungen machen, A bestimmt nur, wohin sich die Finger bewegen. Irgendwann wechselt die Führung mit einem fließenden Übergang zu B. Und irgendwann stellen sich beide vor, dass der andere führt, die Bewegung bekommt wieder ihr Eigenleben.

Variante: Der Berührungspunkt wandert den Körpern entlang
Beginnen wie in der letzten Übung. Irgendwann wandert der Berührungspunkt von den Fingerspitzen zu den Handkanten, den Handflächen, den Armen, den Rücken usw.

Variante: Hand auf Hand tanzen
In einer Variante dieser Übung tanzt man, indem die Partner zwei Hände aufeinanderliegen. Die untere Hand führt.

Variante mit zwei Partnern
Drei Partner stehen nebeneinander. Der Partner in der Mitte berührt mit jeweils einem Finger einen Finger seiner Partner. Zuerst führt der Partner in der Mitte, dann in einem fließenden Übergang die beiden anderen Partner, irgendwann stellen sich alle vor, dass sie den anderen folgen. Die Bewegung bekommt wieder ihre Eigendynamik. Die Partner wechseln.

Übung: Eine Puppe modellieren
Mit einem Partner. A ist der Bildhauer, B spielt eine Puppe. A bewegt respektvoll seinen Partner wie eine Gliederpuppe. Dann wechseln A und B die Rolle.

Übung: Sich fallen lassen und aufgefangen werden
Mit einem etwa gleichgroßen, gleichschweren und gleichstarken Partner. Partner A steht vor Partner B. Beide schauen in eine Richtung. Partner A lässt sich nach Ansage nach hinten fallen, B fängt ihn auf. Dann wechseln A und B die Rolle.

Bei dieser Übung ist besonders wichtig, dass beide aufmerksam und respektvoll miteinander umgehen.

B

Übung: Ein Teilnehmer wird von der Gruppe hochgehoben
Ein Teilnehmer legt sich mit dem Rücken auf den Boden. Die Gruppe, mindestens sechs Personen, verteilen sich um ihn. Die Gruppe hebt den Teilnehmer hoch, wiegt ihn hin und her und lässt ihn langsam nach unten. Vorsicht: Alle müssen aufmerksam mitmachen. Eventuell mit Summen.

Übung: der Jurten Kreis
Alle im Kreis. Die Zahl der Teilnehmer muss durch zwei teilbar sein. Der Leiter benennt alle Teilnehmer im Kreis abwechselnd als A und B. Alle fassen ihre Nachbarn abwechselnd fest um die Hüfte und an den Schultern. Nach Ansage lehnen sich alle Teilnehmer A ein wenig nach vorne, alle Teilnehmer B ein wenig nach hinten. Dann umgekehrt.

Übung: Durch einen Gang kriechen
Die Gruppe steht mit leicht gespreizten Beinen in einer langen Reihe. Der Letzte kriecht durch die Beine der ganzen Gruppe, die andern massieren ihm dabei den Rücken. Wenn der Teilnehmer durch die ganze Reihe gekrochen ist, stellt er sich an den Kopf der Reihe. Dann folgt der nächste usw.
Achtung: Bei dieser Übung können Erinnerungen an die Geburt hochkommen.

Übung: Das Vampirspiel
Die ganze Gruppe geht mit geschlossenen Augen durch den Raum. Der Leiter ernennt einen Teilnehmer zum ‚Vampir'. Der ‚Vampir' sucht mit geschlossenen Augen nach einem Opfer. Wenn er jemanden zu fassen bekommt, drückt er ihn leicht!! hinten am Hals, worauf sein Opfer ebenfalls zum ‚Vampir' wird. Und

nun suchen schon zwei ‚Vampire' nach Opfern. Achtung: Diese Übung kann großen Spaß machen; man merkt, dass das, wovor man Angst hatte, total Spaß macht. Es können auch Ängste hochkommen.

Fühlen

Übung: Jawalie

Man liegt in Embryonalstellung auf der Seite. Man nimmt sich selbst liebevoll in den Arm, umarmt sich selbst und singt ein uraltes afrikanisches Wiegenlied für Kinder: immer wieder in einem Singsang Jawalie, Jawalie, Jawalie, mit Betonung auf dem ie. Jawalie bedeutet: Ich habe mich lieb. Ich habe diese Übung von einer afrikanischen Schamanin gelernt. Besonders stark wirkt diese Übung kurz vor dem Einschlafen.

Übung: Blinden führen mit Fühlen

Mit Partner. Partner B spielt den ‚Blinden', Partner A führt den ‚Blinden' und lässt ihn interessante Dinge fühlen, einen Baum, eine Katze usw. Mit dem Partner die Rolle tauschen.

Skulptur

Übung: Tonfeld®

Mit einem oder mehreren Partnern. Eine etwa 7 cm hoch mit Ton gefüllte rechteckige Kiste (ca. 50 cm mal 70 cm) steht in der Mitte. Abwechselnd arbeitet jeweils ein Partner mit dem Ton. Wer arbeitet, hält seine Augen geschlossen. Dies hilft, den Verstand und die Kontrolle (»ich kann das nicht«) für einen Moment abzulegen. Die anderen dürfen während der Arbeit zusehen. Der nächste Partner übernimmt, schließt die Augen, fühlt, was entstanden ist und verändert das Werk.

Ich habe diese Übung einmal mit einer Partnerin gemacht, die ich für etwas etepetete hielt. Sie hielt mich wahrscheinlich für einen primitiven Grobian. Ich griff voll in den Ton und schuf grobe Berge, Täler und Höhlen. Als die Partnerin übernahm, machte sie alles, was ich geschaffen hatte, platt. Es war ein langer, stummer Kampf. Ich hätte nie gedacht, mit ihr auf eine gemeinsame Ebene zu kommen. Am Schluss waren wir beide mit dem Ergebnis zufrieden: Ich hatte für die groben Formen gesorgt, sie für die feine Oberflächengestaltung.

Übung: Knetgummi

Dieter Meier von *Yello* hat diese Technik entwickelt. Er nimmt ein Stück Knetgummi und knetet es so lange durch, bis er in dem Gummi ein Gesicht erkennt. Dieses Gesicht fotografiert er mit einer Makrolinse aus verschiedenen Perspektiven. Er vertieft sich in die Fotografien und schreibt dazu eine Geschichte oder einen Text.

Übung: In drei Minuten aus Gegenständen in der Umgebung ein kleines Kunstwerk schaffen.

Unten ein Selbstportrait, das ich bei dieser Übung in zwei Minuten am Strand geschaffen habe.

Das Buch *Naturwerkstatt Landart. Ideen für große und kleine Naturkünstler* von *Andreas Güthler* und *Kathrin Lacher* gibt viele Anregungen für das Gestalten von Kunstwerken in der Natur. Man kann mit den verschiedensten Materialien arbeiten, mit Stein, Holz, Muscheln, Blättern. Und man kann die verschiedensten Formen herstellen, Türme, Kreise, Spiralen, Labyrinthe, Wellen, Brücken.

Gruppenübungen

Übung: Im Kreis sich auf die Knie des Hintermanns setzen

Einen Kreis bilden, alle schauen in Uhrzeigersinn, den Kreis enger machen, langsam auf die Knie des Hintermannes setzen. (Erwartet nicht, dass die Übung immer funktioniert, am meisten Spaß macht es, wenn sich alle gleichzeitig auf ihren Allerwertesten setzen.)

Übung: Hände verschränken im Kreis

Bildet einen engen Kreis, schaut in die Mitte, schließt die Augen, streckt eure Hände nach vorne in die Mitte und umfasst mit euren Händen zwei fremde Handgelenke. Öffnet wieder die Augen und versucht, die entstandenen Knoten zu lösen, ohne die Hände loszulassen. (Erwartet wie bei der letzten Übung nicht, dass dies funktioniert, oft werden die Knoten noch verwirrter, was allerdings ungemein Spaß macht.)

Übung: Gruppenschlange

Bildet eine Schlange, indem jeder die Hüfte seines Vordermannes fasst. Der Kopf der Schlange versucht nun, den Schwanz der Schlange zu fangen.

Übung: Einen Kindergeburtstag spielen oder eine Krabbelgruppe

Malen

Vorsicht: Das Umfeld gut abdecken. Farbe auf dem Teppich ist unangenehm. Einweg-Overall und Schutzbrille aus dem Baumarkt besorgen.

Übung: Gesichter bemalen

Mit einem Partner. Mit bunter Faschingsschminke beziehungsweise Kinderschminke. Ein Partner bemalt die rechte oder linke Hälfte des Gesichts des Partners. Dann wechseln sie die Rollen. Wenn beide fertig sind, wechseln sie einen Partner mit einem anderen Paar und malen die jeweils andere Gesichtshälfte an. Vorsicht mit den Augen.

Übung: Ein hässliches Bild malen

Mit Ölkreide. Malt ein möglichst hässliches Bild.

Variante: Bedeckt das Papier schnell mit wilden Bewegungen mit Farbe.

Variante: Mit Acrylfarben. Spritz Farbe wild auf ein Papier und lasse dich überraschen, was dabei entsteht. Vorsicht: Umgebung vorher gut abdecken.

Variante: Ein Bild malen in absoluter Dunkelheit.

Mit Fingerfarbe: Ein Bild malen mit den Fingern.

Mit Partner und Bodypainting Farbe: Den ganzen Körper bemalen.

Variante: Am Strand sich selbst und andere mit feuchtem Lehm einschmieren. Wenn der Lehm trocknet, ergibt das interessante Muster und die Haut fühlt sich fremd und interessant an.

Mit großen Bögen Papier an der Wand und Fingerfarben. Tanzt und malt gleichzeitig mit großen Bewegungen ein Bild.

Malt mit bunten Handabdrücken oder Fußabdrücken (Bögen am Boden auslegen).

Große Papierbögen auf dem Boden auslegen. Mit Partner. Ein Partner legt sich auf den Bogen Papier, Hände und Füße leicht gespreizt. Sein Partner malt die Kontur mit einem Stift nach. Beide malen dann die Figur aus. Variante: Die Figur freilassen und die Umgebung ausmalen.

Malt zu Musik, zum Beispiel *Modest Mussorgski Bilder einer Ausstellung* ein Bild.

Übung: Eine Collage erstellen
Schneide aus einer Zeitschrift Teile von Bildern oder Fotos. Klebe diese auf einen Karton und erstelle so ein neues Bild.

Variante: Übermale die so entstandene Collage mit Acryllfarbe.

Wahrnehmung

Meister ihres Fachs zeichnen sich dadurch aus, dass sie über eine feine Wahrnehmung verfügen. Ein Koch kann schmecken, welches Gewürz fehlt, ein Musiker hört jeden falschen Ton. Man kann seine Wahrnehmung in *einem* Sinneskanal schulen, indem man die Wahrnehmung in den anderen Sinnen zeitweise abschaltet. Wenn man sich mit geschlossenen Augen in einem Raum bewegt, werden das Fühlen und Hören geschult.

Übung: Fotokamera
Mit Partner. Im Park oder in der Natur. Ein Partner spielt ‚Kamera', der andere ‚Fotograf'. Die ‚Kamera' schließt die Augen. Der ‚Fotograf' führt die ‚Kamera' zu interessanten oder schönen Dingen und gibt der ‚Kamera' mit einem kurzen Händedruck zu verstehen, wann sie ihre Augen kurz öffnet, um zu ‚fotografieren'. Die Partner wechseln die Rollen.

Wir haben diese Übung einmal in einem Park gespielt. Ich erinnere mich noch an das Bild, das ich als ‚Kamera' aufgenommen habe. Ich schaue in die Augen eines Babys im Kinderwagen, das mich erstaunt anblickt.

Übung: Hören
Ein Partner schließt die Augen. Sein Partner stellt ihm verschiedene Geräusche und Töne vor. Mit dem Partner die Rolle tauschen.

Übung: Riechen und Schmecken
Der Leiter bereitet verschiedene kleine Snacks und Düfte vor. Die Teilnehmer schließen die Augen. Der Leiter gibt jedem Teilnehmer ein paar Kostproben zum Schmecken und zum Riechen.

Übung: Gegenstände fühlen
Einen Beutel mit verschiedenen kleinen Gegenständen füllen. Die Teilnehmer ertasten die Gegenstände im Beutel, ohne sie zu sehen.

Spiele

Spiel: Der Willi ist krank

Die Gruppe sitzt im Kreis. Alle klemmen sich einen Weinkorken senkrecht zwischen die oberen und unteren Schneidezähne und sprechen mit dem Korken im Mund den folgenden oder einen ähnlichen Dialog:

A: Der Willi ist krank.
B: Was hat er denn?
C. Er hat einen Leistenbruch (oder etwas ähnlich komisch Klingendes).
D: Der Willi ist krank.
E: Was hat er denn?
F: Er hat einen Leistenbruch und Hämorriden.
G: Der Willi ist krank.
H: Was hat er denn?
I: Er hat einen Leistenbruch, Hämorriden und eine Maulsperre usw.

Spiel: Die Reise nach Jerusalem

Altbekannt ist *die Reise nach Jerusalem.* Stellt Stühle in einem Kreis auf, und zwar einen Stuhl weniger als Teilnehmer mitspielen. Die Teilnehmer gehen im Kreis um die Stühle herum, während Musik abgespielt wird. Wenn der Leiter (verdeckt) die Pausetaste drückt und die Musik unterbricht, muss sich jeder schnell hinsetzen. Wer keinen Stuhl gefunden hat, scheidet aus. Ein Stuhl wird weggenommen und das Spiel geht weiter.

Spiel: Eine Spirale nachmalen, dabei nur in einen Spiegel schauen

Der Leiter malt auf ein Blatt eine Spirale. Ein Teilnehmer nach dem anderen soll die Spirale auf dem Blatt mit einem Stift parallel zur vorgegebenen Spirale nachmalen. Das schwierige dabei ist, dass der Teilnehmer beim Nachmalen nur in einen kleinen Spiegel schauen darf, der ihm die Spirale und seine Bewegungen seitenverkehrt widerspiegelt.

Der Leiter schreibt währenddessen unauffällig mit, was die Teilnehmer sagen. Am Schluss kommt die Auflösung: Alles, was ihr bei dieser Übung gesagt habt, sagt ihr normalerweise im Bett. (Nur mit Teilnehmern, die sich gut kennen, vertrauen und über sich selbst lachen können. Die Ergebnisse sind meist komisch, es fallen Sätze wie: Das schaffe ich nie, wo soll ich anfangen, wenn ich die Augen schließe, geht es einfacher, kannst du mir helfen?)

Spiel: Eine Geschichte mit Fragen herausfinden

Noch ein ‚fieses' Psychospiel: Ein Teilnehmer, oder besser, der Leiter, wird vor die Türe geschickt. Dann darf er wieder reinkommen. Die Gruppe sagt, sie habe sich eine Geschichte ausgedacht, und der Leiter soll die Geschichte mit Fragen, die man nur mit *Ja* oder *Nein* beantworten kann, herausfinden. Der Trick dabei ist, dass die Gruppe sich in Wirklichkeit gar keine Geschichte ausgedacht hat, sie antworten einfach immer zweimal mit *ja* und einmal mit *nein*. Das heißt, der Fragende hat die Story, die er für haarsträubend hält, selbst erfunden.

Traumreisen

Traumreisen können unsere Kreativität anregen. Bei einer Traumreise reist man in der Vorstellung an einen schönen Ort. Hier ein Beispiel für eine Traumreise:

Übung: Traumreise

Du kannst den Text auf Band sprechen und später anhören. Sorge dafür, dass du eine Zeitlang ungestört bleibst, schalte das Telefon aus. Vorsicht: Nicht im Auto als Fahrer hören! (Die Grammatikfehler in diesem Text sind beabsichtigt.)

Und vielleicht erinnerst du dich frühere Erfahrungen mit Trance, erinnerst dich an die Stimme, die dich in diese Trance begleitet hat, an den Raum und an das Gefühl der tiefen Entspannung und des Loslassens. Oder du erinnerst dich an tranceähnliche Zustände aus deinem normalen Leben, wie du im Winter im Schneetreiben als Beifahrer nachts dem Spiel der Schneeflocken im Scheinwerferlicht folgst und unmerklich immer tiefer in diese gleichmäßigen Bewegungen der Schneeflocken in einen Zustand der tiefen Entspannung fallen. Und während du vielleicht diese Bilder wieder vor deinem inneren Auge sehen kannst, kannst du meine Stimme hören und du kannst ihr überallhin folgen, wenn du in eine tiefe Trance gehst oder auch, wenn du einschlafen würdest, du kannst deinem Körper erlauben, noch mehr zu entspannen und gleichzeitig dieser Stimme folgst. Und du kannst mit deiner Aufmerksamkeit zu deinen Füssen gehen, du spürst, wie sie auf der Unterlage aufliegen, und du kannst dir erlauben, sie noch mehr entspannst. Und nun kannst du mit deiner Aufmerksamkeit hoch wandern zu deinen Unterschenkeln, auch hier noch mehr entspannen, vielleicht dieses angenehme Gefühl der Schwere und der Wärme, wenn du noch mehr loslässt und entspannen. Und ich frage mich, ob, während dein Körper sich erlauben kann, noch tiefer und tiefer zu entspannen, vielleicht Erinnerungen in dir hochkommen, vielleicht eine Erinnerung an einen Ort, an dem du dich einmal wohl gefühlt hast, an dem du loslassen konntest, dieses Gefühl, das Leben genießen zu können und sich dem Fluss des Lebens hingeben zu können noch mehr als sonst fühlen, denn es gibt Menschen, die leicht und entspannt loslassen, leicht in ihr Inneres gehen und dort neue Kräfte tanken, neue Ideen holen und kreativ sein, vielleicht einen Rat des unbewussten Verstandes bei einer Entscheidung holst oder nur einfach auf eine Traumreise an einen schönen Ort begibst, wo du dich wohl fühlen kannst, vielleicht an einem See in den Bergen oder am Meer, du die Natur spüren kannst und deine Verbundenheit mit den Pflanzen und den Tieren, vielleicht kannst du die Natur um dich herum in ihrer Schönheit sehen und genießen, hörst die Geräusche um dich herum, und du kannst an diesem Ort Rast machen, vielleicht erinnerst du dich an einen Menschen, der dir einmal nahe gestanden hat, und du kannst diese Beziehung jetzt mit neuen Augen betrachtest …

Ausführliche Informationen zum Thema Fantasiereisen findest du in dem Buch *Phantasiereisen* von *Robert Masters & Jean Houston.*

Als letzte Übung eine Kreativübung von *Richard Bandler*

Einmal die Woche, 20 Minuten

Nehme 3 Ideen, die nichts miteinander zu tun haben.

Kreiere daraus eine neue Idee, ein Produkt, ein Patent usw., auch wenn es komisch aussieht.

Ich habe es einmal ausprobiert.

Die 3 Ideen waren:

1. Mach es mit Herz.
2. Sei bewusst.
3. Beachte die Nebenwirkungen bei Veränderungen.

Daraus entwickelte ich folgende

Herzmeditation:

Verbinde dich mit deinem Herzen. Werde dir deines Herzens bewusst, frage dein Herz, ob es etwas braucht oder ob es dir etwas sagen will. Wenn dein Herz etwas braucht, gebe es deinem Herzen in der Vorstellung. Spüre die Verbindung deines Herzens zu deiner Vergangenheit, verbinde dein Herz mit deinem inneren Kind, finde eine Farbe und einen Ton oder eine Musik für dein Herz und bereichere damit dein inneres Kind, deine Vergangenheit und deine Zukunft.

Verbinde dein Herz mit anderen Menschen, den Tieren, den Pflanzen, der ganzen Welt, dem Kosmos. Nehme und gebe in der Vorstellung mit deinem Herzen, atme ein und aus mit deinem Herz.

TEIL E
Ausblick

Abschied

Ich habe mich gefreut, dass Sie mich als Leser begleitet haben. Vielleicht lerne ich Sie einmal in einem meiner Seminare kennen. Sie können das Buch nach einiger Zeit ein zweites Mal lesen, um die Erfahrungen zu vertiefen. Ich freue mich, wenn Sie das Buch weiterempfehlen oder Freunden schenken. Wenn Sie das Buch bei Amazon gekauft haben, können Sie eine Bewertung bei Amazon schreiben. Ich wünsche Ihnen bei der Umsetzung der Ideen dieses Buches viel Erfolg und Spaß. Lassen Sie sich davon überraschen, wie Ihr Leben erfolgreicher, kreativer, lebendiger, intensiver und freudiger wird. Ich wünsche Ihnen alles Gute auf Ihrem Weg.

21. Zu meiner Person

Ich bin in München geboren und habe in Westberlin Russisch und Sozialkunde für das Lehramt studiert. Als Nebenhörer habe ich an der Pädagogischen Hochschule das Fach Schulspiel studiert. Seit meinem 2. Staatsexamen bin ich in der Erwachsenenbildung tätig. So habe ich fünf Jahre lang Deutsch für Aussiedler mit 35 Wochenstunden unterrichtet. Ich bin Gründer und Leiter des *Instituts für kreatives, ganzheitliches Lernen Martin R. Mayer.*

Ich lebe als Buchautor, Trainer und Berater für Firmen und Institutionen in Kempten im Allgäu. Seit 1999 bin ich NLP-Lehrtrainer DVNLP. Im Via Nova Verlag erschienen meine Bücher *Effektiv und mit Leichtigkeit lernen* und *Praxisbuch Entscheidungen.* Im Junfermann Verlag erschien meine Einführung in die Lebenskunst und ins NLP *Neue Lebens Perspektiven.* Die gründlich überarbeitete 2. Auflage erschien unter dem Titel *Neue Lebensperspektiven* im BoD Verlag. Für Blinde ist es als Hörbuch bei der Bayerischen Blindenhörbücherei ausleihbar.

Seit 1983 leite ich Kreativkurse, unter anderem in der Ukraine und in Litauen. Ich bin vielseitig kreativ tätig, neben Sachbüchern schreibe ich Anekdoten (*der Rabel*), Texte für Karikaturen, Songtexte, Film Gags, fotografiere (siehe flickr.com bei Martin_R_Mayer), male, mache kleine Skulpturen, tanze und singe in der Badewanne.

Wenn Sie Interesse an meinen Trainings oder Beratungen haben, melden sie sich bei:
Institut für kreatives, ganzheitliches Lernen
Martin R. Mayer, Dornstrasse 11, D - 87435 Kempten
Tel: 0831-23 9 10, Mobil: 0176-51 31 36 65
Mail: martintraining@arcor.de | www.nlp-mayer.de

Wenn Sie Interesse an einer NLP Beratung in Ihrer Nähe haben, wenden Sie sich an den Deutschen Verband für NLP

DVNLP e.V., Lindenstraße 19, 10969 Berlin
T: 030-259 39 20, Mail: dvnlp@dvnlp.de

Zum Abschied ein Haiku, den ich geschrieben habe:
die Grotte am Meer, so türkis
zwei Eisvögel am Eingang
und schon sind sie fortgeflogen

22. Feinunterscheidungen der Wahrnehmungssysteme (Submodalitäten)
Wir nehmen Informationen mit unseren fünf Sinnen wahr und wir denken mit unseren Sinnen, indem wir etwas innerlich sehen, hören, fühlen, riechen oder schmecken. Innerhalb der Sinne gibt es verschiedene Arten, wie wir etwas erleben. So können wir im Sehkanal ein Bild oder einen Film, schwarzweiß oder bunt sehen. Und wir sind kreativ mit diesen Feinunterschieden.

Diese Feinunterschiede haben große Auswirkungen. So unterscheiden wir anhand der unterschiedlichen Feinunterschiede, ob etwas eine Erinnerung oder eine Fantasie ist.

Es gibt analoge Veränderungen, das sind graduelle Veränderungen, etwa zwischen hell und dunkel mit vielen Zwischenstufen, und digitale Veränderungen, bei denen es nur zwei Möglichkeiten gibt, z.B. ob man sich selbst in einem Bild von außen sieht oder ob man es von innen erlebt.

Feinunterschiede der Wahrnehmungssysteme
Das Sehen betreffend (visuell):

Film oder Foto: .... Bewegtes oder stehendes Bild? Wenn es ein Film ist, wie schnell läuft er ab, in Zeitlupe oder im Schnelldurchlauf? Vorwärts oder rückwärts?
Farbe: .... Farbig oder schwarz-weiß? Sind alle Farben vorhanden?
Intensität: .... Intensiv oder blass, verwaschen, pastellfarben?
Helligkeit: .... Hell oder dunkel?
Panorama: .... Wie weit reicht das Bild, so weit wie das Blickfeld oder ist es begrenzt?
Kontrast: .... Hat es viel Kontrast oder wenig? Mit Weichzeichner?
Plastisch oder flach: .... Ist es dreidimensional oder flach? Umschließt das Bild Sie ganz?
Größe: .... Ist es klein oder groß?
Position: .... Wo genau befindet sich das Bild, vor, hinter, neben, über Ihnen, wie weit entfernt, steht es fest an einer Stelle oder bewegt es sich im Raum?
Von innen oder außen: ... Sehen Sie sich von außen in diesem Bild, oder sehen Sie das Bild so, wie Sie es in Realität sehen würden?
Form: .... Ist das Bild rund, oval oder quadratisch?
Foto oder Dia: .... Ist das Bild durchsichtig?
Rahmen: .... Hat es einen Rahmen, wie sieht der Rahmen aus?
Perspektive: .... Aus welcher Perspektive sehen Sie es, von oben, von unten, von der Seite?
Bildschärfe: .... Ist es scharf oder unscharf, verschwommen?

Oberfläche: .... Ist die Oberfläche glatt oder rau, glänzend oder matt, hat sie eine Struktur?
Ausrichtung:................... Ist das Bild geneigt oder gekippt?
Singular/Plural: .... Sehen Sie *ein* Bild oder mehrere, gleichzeitig oder nacheinander?
Proportionen:................. Stehen Menschen und Dinge im normalen Größenverhältnis zueinander und zu Ihnen?
Details:........................... Sehen Sie Details im Vordergrund oder im Hintergrund, sind die Details Teile des Ganzen, oder müssen sie extra anvisiert werden?
Fokus: .... Steht ein Teil des Bildes im Mittelpunkt des Interesses?

Das Hören betreffend:
Art: .... Stimmen, Klänge oder Geräusche?
Position:......................... Wo befindet sich die Tonquelle? Hören Sie sie von innen oder außen?
Lautstärke: .... Laut oder leise?
Tonhöhe:........................ Hohe oder tiefe Töne?
Tonalität:........................ Nasal, volltönend, klangvoll, heiser, dünn?
Rhythmus: .... Regelmäßig oder unregelmäßig?
Tempo:............................ Schnell oder langsam?
Melodie:......................... Monoton oder melodische Variationen?
Mono/Stereo: .... *Eine* Tonquelle, von rechts und links oder von allen Seiten, räumlich?
Modulation:................... Welche Teile sind hervorgehoben, betont?
Dauer:............................ Mit Pausen oder stetig?

Das Fühlen betreffend:
Temperatur: .... Warm oder kalt?
Qualität.......................... Angenehm, angespannt, prickelnd, diffus?
Gewicht: .... Schwer oder leicht?
Intensität........................ Wie stark ist die Empfindung?
Position:......................... Wo im Körper spüren Sie es?
Bewegung:...................... Ist das Gefühl kontinuierlich oder kommt es in Wellen?
Richtung: .... Wo beginnt das Gefühl, wohin bewegt es sich?
Geschwindigkeit:............ Langsam, schnell oder sprunghaft?
Dauer:............................ Stetig, mit Pausen oder periodisch?

Schmerz: .... Scharf, brennend, stechend, ziehend, dumpf, pulsierend oder drückend?
Nass oder trocken:.......... Fühlt es sich nass oder trocken an?
Textur: .... Rau oder glatt, weich oder hart?
Innen oder von außen: ... Ist es ein inneres Gefühl oder kommt der Impuls von außen?

Gleichgewichtssinn
Neigung .... In welche Richtung, wie stark?
Drehung.......................... Rechts- oder linksherum?
Schwingung .... In welche Richtung, wie stark?
Hebung oder Senkung.... Wird man hochgehoben oder abgesenkt?
Beschleunigung .... Wie stark, in welche Richtung?

Allgemeine, übergreifende Kategorien:
Von innen oder von außen erlebt; Bewegung; Abstand; Intensität; Dauer; Richtung; Entstehungsort; Häufigkeit.

23. Auswahl der benutzten Literatur

Chaplin, Charles: Die Geschichte meines Lebens, 1964
Csíkszentmihályi, Mihály: Lebe gut! München 2001
Cytowic, Richard E.: Farben Hören, Töne schmecken. Die bizarre Welt der Sinne. Berlin 1997
Davis, Miles & Troupe, Quincy: Die Autobiographie. München 1990
Davis, Ronald D.: Legasthenie als Talentsignal
de Bono, Edward: Think! Denken, bevor es zu spät ist. München 2010
de Bono, Edward: Denkschule. Zu mehr Innovation und Kreativität. München 1995
Dilts, Robert B., Epstein, Todd & Dilts, Robert W: Know How für Träumer. Strategien der Kreativität. Paderborn 1994
Dilts, Robert B.: Die Magie der Sprache. Sleight of Mouth. Angewandtes NLP. Paderborn 2001
Dilts, Robert B.: Einstein. Geniale Denkstrukturen & Neurolinguistisches Denken. Paderborn 2005
Dilts, Robert Brian: Success Factor Modeling Vol. 1. Next Generation Entrepreneurs, 2015
Flake: Der Tastenficker. An was ich mich so erinnern kann. Berlin 2015
Gallwey, Timothy W.: Tennis und Psyche - das innere Spiel. München 1988
Gilot, Francoise & Lake, Carlton: Leben mit Picasso. München 1965
Grinder, John & Bandler, Richard: Therapie in Trance. Hypnose: Kommunikation mit dem Unbewussten. Stuttgart 1984 (Gute Einführung in das Gebiet der Hypnose, M.M.)
Güthler, Andreas & Lacher, Kathrin: Naturwerkstatt Landart. Ideen für kleine und große Naturkünstler. Baden und München 2005
Hoffmann, Klaus: Als wenn es gar nichts wäre. Aus meinem Leben, Berlin 2012
Isaacson, Walter: Steve Jobs. Die autorisierte Biografie des Apple-Gründers. München 2011
Jagger, Mick, Richards, Keith, Watts, Charlie, Wood, Ronnie. According to the Rolling Stones – das Buch. München 1990.
Jeanmaire, Alexander: Der kreative Funke. Handbuch für Kreativität und Lebenskunst. Witten 2004
Kast, Bas: Und Plötzlich macht es klick! Das Handwerk der Kreativität oder wie die guten Ideen in den Kopf kommen. Frankfurt am Main, 2017
Masters, Robert & Houston, Jean: Phantasiereisen. München 1989
Mayer, Martin R.: Effektiv und mit Leichtigkeit lernen. Eine praktische Anleitung für erfolgreiches Lernen. Petersberg 2006

Mayer, Martin R.: Praxisbuch Entscheidungen. Petersberg 2012
Mayer, Martin R.: Neue Lebensperspektiven. Eine verständliche und fundierte Einführung in die Kunst des Neurolinguistischen Programmierens und in die Lebenskunst. Norderstedt 2016 (die 1. Auflage erschien im Junfermann Verlag.)
Nöllke, Matthias: Kreativitätstechniken. Freiburg 2015
Richards, Keith & Fox, James: Life. München 2010
Roth, Gabrielle: Das befreite Herz
Springsteen, Bruce: Born to run. Die Autobiographie. München 2016
Sacks, Oliver: Der Tag, an dem mein Bein fortging. Reinbek bei Hamburg, 1996
Stern, Arno: Das Malspiel und die natürliche Spur, 2005
Truffaut, Francois: Mr. Hitchcock, wie haben Sie das gemacht? München 2003
Young, Neil: Ein Hippie-Traum, Köln 2012

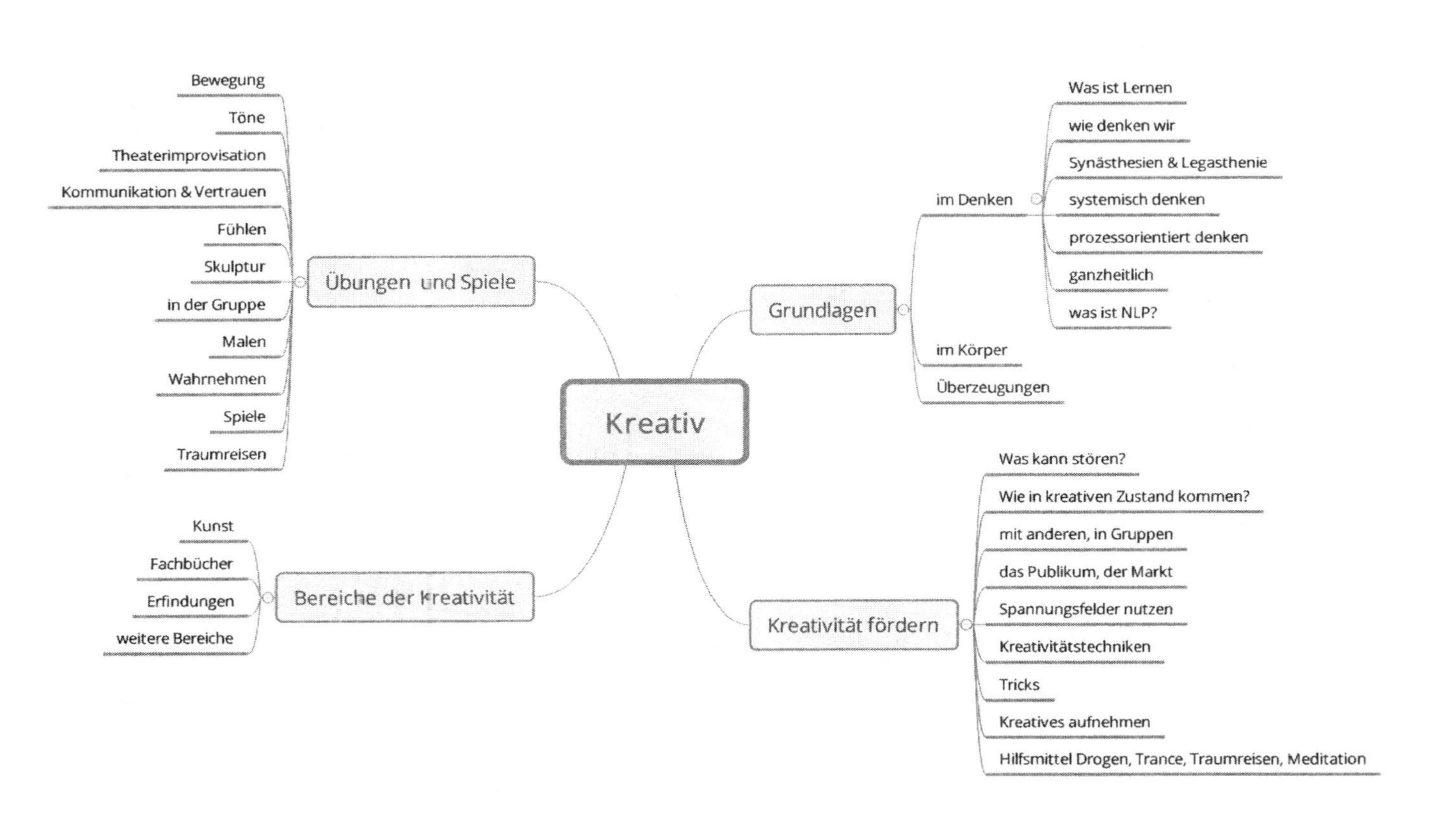
Kreativ
Grundlagen
im Denken
Was ist Lernen
wie denken wir
Synästhesien & Legasthenie
systemisch denken
prozessorientiert denken
ganzheitlich
was ist NLP?
im Körper
Überzeugungen
Kreativität fördern
Was kann stören?
Wie in kreativen Zustand kommen?
mit anderen, in Gruppen
das Publikum, der Markt
Spannungsfelder nutzen
Kreativitätstechniken
Tricks
Kreatives aufnehmen
Hilfsmittel Drogen, Trance, Traumreisen, Meditation
Übungen und Spiele
Bewegung
Töne
Theaterimprovisation
Kommunikation & Vertrauen
Fühlen
Skulptur
in der Gruppe
Malen
Wahrnehmen
Spiele
Traumreisen
Bereiche der Kreativität
Kunst
Fachbücher
Erfindungen
weitere Bereiche

Die Eisermann Media GmbH

Für mehr Lesevergnügen!

Eisermann Verlag

www.eisermann-verlag.com

XOXO Verlag

www.xoxo-verlag.com